U0939490

汉博十年

Ten Years of Hanbo

主编◎胡祖平　副主编◎梁　锋　马卫国
编委◎余慧斓　吕　燕　魏显峰

图书在版编目(CIP)数据

汉博十年/胡祖平主编. —杭州：浙江大学出版社，2016.1

ISBN 978-7-308-15268-6

Ⅰ.①汉… Ⅱ.①胡… Ⅲ.①司法鉴定—组织机构—概况—浙江省 Ⅳ.①D927.550.6

中国版本图书馆CIP数据核字（2015）第248847号

汉博十年

胡祖平　主编

策划编辑　张　琛
责任编辑　吴惠卿
文字编辑　郭建中
责任校对　张远方
封面设计　续设计
出版发行　浙江大学出版社
（杭州市天目山148号　邮政编码310007）
（网址：http//www.zjupress.com）
排　　版　杭州金旭广告有限公司
印　　刷　浙江印刷集团有限公司
开　　本　710mm×1000mm 1/16
印　　张　16.25
字　　数　260千
版 印 次　2016年1月第1版　2016年1月第1次印刷
书　　号　ISBN 978-7-308-15268-6
定　　价　68.00元

版权所有 侵权必究　　印装差错 负责调换

浙江大学出版社发行中心联系方式　（0571）88925591；http://zjdxcbs.tmaill.com

我的汉博梦

（代序）

梦想是人类的天性。国家有梦想，社会才不会退步。社会有公平正义的阳光，人间就不会有雾霾。正是这种非凡的天性，加上内心的坚持，支持着“汉博”的成长和发展。

往事如烟，可我记忆犹新。1985年，我从中国人民解放军第二军医大学毕业，被分配到中国人民解放军安徽省军区105医院任外科医师。十年军旅生涯，培养了我强烈的正义感和责任感，让我觉得有必要对自己的人生进行规划，成为一个对社会有所贡献的人，即使自身的力量有限，如同一颗星星对于黑夜只有渺茫的光辉，但是仍然足以让夜空存在希望。

自1990年参加最高人民法院主办的全国首届法院系统文件检验培训班后，我成为浙江省法院系统首批从事文检工作的专业人员，在浙江省高级人民法院法医技术处从事法医、文检专业工作。在20多年的司法鉴定工作中，我看到的不仅仅是一份份文件，我的心里更在意涉案的当事人。因为对于司法鉴定人来说，每一个鉴定结论只是一次例行工作，但是对于每一个涉案当事人来说，一个司法鉴定结论可能就是关乎其终生的大事，可能改变他们对公平正义的认识。从这个意义上说，司法鉴定人必须心存善念，敬畏法律，绝不能有半点马虎。

我是幸运的，亲历改革开放的历史潮流，2005年2月28日，《全国人民代表大会常务委员会关于司法鉴定管理问题的决定》以法律形式规范司法鉴定改革。司法鉴定划归到司法行政部门管理，司法鉴定成为社会的中介机构。这意味着我要离开自己钟爱的岗位，就像一个战士在前线被要求放下武器。当我向陈明春恩师说出我心中的“痛”时，他理解学生的心情，毅然担任了“浙江汉博司法鉴定所”首任所长。

“汉博”十年，经常有人问我，取名“汉博”的缘由。

“汉博”，狭义来说便是汉字博大精深。“汉”指的是汉文化。汉字是汉文化的重要载体，从甲骨文、金文、小篆、隶书、楷书、草书，再到行书，逐渐演变为今日的简化汉字，历史源远流长。而浙江汉博司法鉴定中心成立之初的鉴定重点是“汉字”变化真伪的鉴别，即文书鉴定。“博”意为博大精深。

中国传统文化经历五千年的沉淀与积累，是一个民族历史上道德的传承和精神的体现。“汉博”以传承仁义礼智信为核心的中国传统文化为理念。我深信文化是司法鉴定机构的生命力，是软实力，是内在驱动力。文化中包含的道德精神和人文理念是一个司法鉴定机构走向成功的灵魂。

十年一梦，梦想成真。一路艰辛，唯我心知。汉博成立之初办公场所只有15平方米，工作人员仅有8人，工作设备仅有放大镜，年工作量仅有十几件，如此艰难的窘态持续了好几年。但是，我们的意志非常坚强，磨砺十年，浙江汉博司法鉴定中心以质量品牌闻名于社会；以2000平方米的办公面积，业内一流的专家，世界顶级的鉴定设备，亲民的服务态度闻名于业内。

“汉博”成立以来，我们不断地在追求发展进步，时时刻刻提醒自己不忘初衷。我相信只要坚持正见，每一种知识都能帮助别人，服务社会。我始终认为，人文关怀是每一个司法鉴定机构必须具备的道德基础和守则。不能把赚钱盈利作为主要目标，而应该把司法鉴定作为终生的事业，心中永不忘公平正义和客观独立的原则，这是我对自己，也是对浙江汉博技术团队的要求。

《汉博十年》这本书，并非一本多么了不起或者多么高尚雅致的著作，它客观地记录了一个司法鉴定机构从创建、成长到成熟的十年发展历程。记载了浙江汉博十年来所做出的努力和每一分努力背后辛勤付出的汉博员工们。它可以说是浙江汉博文化传承和精神理念的见证，留下这十年记忆，也是对汉博员工同舟共济的一种尊重。

十年的磨砺苦寒，造就今日的梅香宝剑。我希望十年后、二十年后的浙江汉博依旧不忘初衷，坚持公平正义和造福社会的信念，弘扬正气，质量为上。我希望浙江汉博在未来能够成为中国司法鉴定行业中的一个标杆、一面旗帜。

浙江汉博司法鉴定中心创始人、首席顾问：胡祖平
2015年5月8日

目　录
Contents

第一章

期　待

十年

第一节 考察慰问

1. 司法部司法鉴定管理局霍宪丹局长等领导莅临汉博司法鉴定所考察/

2010年5月8日，司法部司法鉴定管理局霍宪丹局长一行三人，携同山东省、江苏省司法厅代表莅临汉博司法鉴定所考察工作。

霍局长一行参观了接待受理室、鉴定室、文痕实验室等，查看了鉴定所的内部管理文件、鉴定规范及鉴定文书档案，并与鉴定机构负责人进行座谈，听取了梁锋副主任关于司法鉴定所现状和未来发展的远景汇报。

霍局长充分肯定了汉博司法鉴定所的司法鉴定工作，认为我所司法鉴定工

霍宪丹局长仔细询问鉴定受理程序

召开座谈会

与汉博司法鉴定所领导合影留念

作在机构发展、项目登记、制度建设、规范管理等方面具有自身特色，并就下一步司法鉴定体制改革、规范管理、提高司法鉴定质量、开展认证认可工作等提出了明确要求，且就如何进一步推进司法鉴定工作提出了宝贵的意见和建议。

梁锋副主任代表汉博司法鉴定所表示，今后在司法部的正确领导下，按照科学、规范、客观、公正的要求，进一步加强司法鉴定机构建设，进一步规范我所司法鉴定工作，促进司法鉴定行业的健康发展，为维护司法公正做出贡献。

2. 中国刑事警察学院王世全院长到我所考察

2012年6月15日，中国刑事警察学院院长、党委书记王世全，文件检验技术系主任王相臣教授莅临浙江汉博司法鉴定所考察和指导工作。

王世全院长与专家探讨交流

王世全院长与专家握手交谈

王世全院长、王相臣主任与汉博员工合影

3. 中国刑事警察学院院长王世全、副院长单大国一行莅临我中心考察指导

王世全院长一行参观受理接待室

王世全院长一行参观法医病理实验室

2013年11月13日下午，中国刑事警察学院院长王世全、副院长单大国一行莅临浙江汉博司法鉴定中心考察指导。浙江汉博司法鉴定中心作为“文件形成时间研究中心南方基地”和“中国刑事警察学院教学科研实践基地”，已经成功接待了首批中国刑事警察学院的实习生，在文件形成时间研究领域取得了较大的进展。

浙江汉博司法鉴定中心胡祖平主任向中国刑事警察学院的领导汇报了我中心的工作进展，详细介绍了“文件形成时间综合检测技术研究”科研项目中样本的制作、仪器配置以及实验区域的规划等情况。王世全院长对中心所做的工作表示充分肯定，并对今后的研究工作给出了指导性的意见。

在座谈交流会上，王世全院长、单大国副院长一行首先观看了汉博司法鉴定中心的宣传片，并与中心文痕专家就“司法鉴定机构的服务意识”、“司法鉴定人的考核制度”、“司法鉴定工作中的风险防范”等方面进行了深入交流。

王世全院长、单大国副院长与胡祖平主任合影

专家座谈交流会

4. 浙江省高级人民法院华关祥主任莅临我所参观、检查工作

2011年11月15日下午，浙江省高级人民法院党组成员、政治部华关祥主任，司法鉴定管理处饶文军处长等一行7人莅临浙江汉博司法鉴定所参观、检查工作。

在胡祖平主任陪同下，华主任一行参观了本所的各鉴定室、文痕实验室、受理接待室、会议室等相关科室，各位领导对我所近6年来发展所取得的可喜成绩做出了高度评价，认为我所无论在办公设施的配套建设上，还是在鉴定人员的队伍建设上都较之前有了很大的发展，希望本所再接再厉，把鉴定事业做精做强，协助配合各大法院把鉴定工作做好，为法院提供有力的证据，更好地为诉讼服务，为委托当事人办实事。

华关祥主任、饶文军处长与胡祖平主任、梁锋副主任合影

5. 浙江省司法厅季培军副厅长莅临我所参观考察

2013年1月6日，浙江省司法厅季培军副厅长一行莅临汉博司法鉴定所参观考察。

季培军副厅长等领导与胡祖平主任、梁锋副主任合影

季培军副厅长一行首先参观了汉博司法鉴定所的受理接待室、文书鉴定室、痕迹鉴定室、法医鉴定室以及文痕实验室等，并认真听取了梁锋副主任对汉博所概况的介绍，他用“眼界大开”、“茅塞顿开”这八个字来概括了自己的感受。面对汉博所如此雄厚的专家实力、全国领先的仪器设备以及先进的理念，季副厅长不禁说出了“春色满园惹人醉，堤岸垂柳拂无声”的诗句，用“一片春天”来形容汉博所。他激动地表示：“汉博所就是浙江司法鉴定行业的一个方向！一面旗帜！应该大力宣传！”

胡祖平主任为季培军副厅长解说

召开座谈会

6. 浙江省司法厅俞世裕副厅长到我所开展“走亲连心”活动

2013年8月21日上午，浙江省司法厅党委委员、副厅长俞世裕到群众路线教育实践活动的联系点之一——浙江汉博司法鉴定所开展“走亲连心”活动。

俞世裕副厅长首先参观了浙江汉博司法鉴定所接待大厅、案件受理室，与来所申请鉴定的人员进行亲切交流，并询问了机构鉴定人员配置、待遇问题，以及新聘请高端鉴定人才的工作情况。随后他考察了本所基本筹建完毕的法医物证（DNA）、法医病理等实验室，就现有司法鉴定项目以及即将开展的法医物证（DNA）、法医病理、声像资料鉴定进行了深入调研，并对本所正在申报的由“鉴定所”升格为“鉴定中心”的工作给予了指导。

俞世裕副厅长对我所相关工作进行了解

在座谈会上，俞世裕副厅长听取了胡祖平主任就浙江汉博司法鉴定所近年来鉴定业务开展和下一步发展规划的情况汇报，对本所将办公面积拓展到2000平方米、加强鉴定实验室建设、引入高端鉴定人才、积极推进鉴定转型升级等工作给予了充分肯定，并提出五点要求：一是立足长远，在推进机构发展上下工夫。要科学制定机构近期和长期发展规划，积极引入现代化的管理理念和运作方式，明确权责，妥善解决限制机构进一步发展壮大的瓶颈问题。二是立足提升鉴定科技力，在实验室建设上下工夫。要打造以高科技仪器设备为支撑、以优秀鉴定人才为依托的鉴定实验室，增强鉴定的科技含量，提升鉴定质量。三是立足鉴定规范化，在推进信息化建设上下工夫。在鉴定业务管理方面要积极运用省厅设计推广使用的司法鉴定机构管理软件，提出修改完善意见，规范鉴定受理、实施、文书出具等工作流程，以信息化建设促进鉴定规范化水平。四是立足化解社会矛盾，在提升投诉处理能力上下工夫。要综合运用源头加强质量建设，规范鉴定程序，配备监控、摄录像设备固定证据，安排专人负责处理等措施妥善处理投诉案件，提升风险防范能力，有效化解矛盾。五是立足鉴定公正，在服务群众上下工夫。要切实增强鉴定公正意识，提升服务质量和水平，走高资质、高水平发展之路，为群众提供优质、高效的司法鉴定服务，促进司法公正和社会和谐。

7. 杭州市司法局吴声华局长一行莅临我所调研

2013年3月21日下午，杭州市司法局吴声华局长在副局长吴建华、办公室主任倪毅、杭州市司法鉴定管理处处长陶琦的陪同下，莅临汉博所就司法鉴定工作进行调研。

吴声华局长参观文痕实验室

吴声华局长一行在汉博所梁锋副主任的陪同下，首先参观了汉博所的受理接待室、文书鉴定室、痕迹鉴定室、法医鉴定室及文痕实验室，亲切地与各位专家及助理进行交谈，仔细了解了文书、痕迹、法医鉴定的具体流程与专家的鉴定情况，并亲身体验了文痕实验室中各种先进仪器设备的高科技性能。在随后的座谈会上，吴声华局长听取了梁锋副主任对汉博所整体工作情况的介绍，以及各类鉴定业务的发展状况，对汉博所取得的成绩给予了充分的肯定，并高度评价了汉博所勇于创新、艰苦奋斗的精神。同时，吴局长还就杭州市司法鉴定行业发展所遇到的困难与存在的问题与汉博所梁锋副主任进行了交流与探讨。他表示，司法鉴定作用的发挥，必须依靠规范有效的司法鉴定管理来保证、来实现。司法行政机关作为行业主管部门要充分认识加强司法鉴定管理工作的必要性和重要性；要坚持依法履行职责，提高司法鉴定管理能力；要积极争取扶持政策，优化发展环境，加大对我市司法鉴定机构的支持力度，更好地指导司法鉴定机构转型升级，促进司法鉴定工作健康、有序发展，有效发挥司法鉴定在维护社会和谐、稳定中的特殊功能和作用。

最后，吴局长特别强调市局领导会努力做好对司法鉴定行业的扶持工作，加大支持力度，促进司法鉴定机构做精做强做大，特别是像汉博所这样的踏实肯干、不断创新的司法鉴定所，要在原有“三大类”（文书鉴定、痕迹鉴定、法医临床鉴定）项目上再增设“三大类”以外的鉴定项目，不断拓展业务，为浙江省的司法鉴定行业做出更大的贡献。

进行座谈交流会

8. 陕西省人民政府法制办、司法厅领导来汉博所参观考察工作

2010年5月12日，陕西省人民政府法制办岳喜栋副主任、司法厅田萍副厅长一行6人，在浙江省司法厅、杭州市司法局领导陪同下参观考察了我鉴定所，并与我省、市司法鉴定行业代表及我所负责人就鉴定管理工作进行了工作交流。

田萍副厅长充分肯定了我鉴定所领导对鉴定工作的高度重视、规范的管理运作、完善的司法鉴定程序以及一流的鉴定能力，希望我所的鉴定事业在上级主管部门领导下，做精做强，成为全省乃至全国知名的鉴定机构。

参观受理接待室

田萍副厅长了解工作

9. 贵州省司法厅司法鉴定考察座谈会在我所召开

2012年9月4日，贵州省司法厅考察组杨静副厅长一行来我省考察司法鉴定工作。此次考察座谈会在浙江汉博司法鉴定所举行。

座谈会上，吴建华副局长对杭州市司法鉴定工作的情况和现状做了介绍。贵州省司法厅考察组就“浙江省在司法鉴定地方立法方面的经验和做法”、“浙江省在遏制司法鉴定多头重复鉴定方面的举措和效果”等方面与我省与会领导进行了深入沟通和探讨。

举行座谈会进行交流

10. 杭州市科委副主任寿伟义、杭州市司法局副局长吴建华等莅临我所检查指导工作

2013年7月17日下午，杭州市科委副主任寿伟义、杭州市司法局副局长吴建华在市科委林霄处长、司法鉴定管理处陶琦处长的陪同下莅临浙江汉博司法鉴定所检查指导工作，并与胡祖平主任等汉博所负责人就我所目前面临的实际问题进行座谈。

寿副主任、吴副局长一行先后参观了各鉴定室、文痕实验室，并在工作人员的演示下了解了我所目前拥有的法斯特VSC-6000文检仪、奥博目镜/视频层析显微镜等国际先进的文痕检验仪器的使用方法。对即将投入使用的法医物证（DNA）实验室、声像资料鉴定实验室、法医病理鉴定实验室的仪器配套设施给予了高度评价，他们惊叹于汉博司法鉴定工作的专业度，并对我所的基础设施建设和司法鉴定水准给予了高度认可。

参观法医物证实验室

在随后的座谈会上，胡祖平主任首先向各位领导简单介绍了汉博所的发展历程、业务范围、鉴定专家团队、仪器设备、质量认证认可、论著出版等方面的情况。胡主任表示，汉博所自2005年成立至今，无论是业务量还是科研水平，都取得了长足的进步，但瞻望未来依旧任重而道远，希望相关部门能在政策与资金方面给予汉博所一定的支持与援助。

针对我所现阶段的情况，寿副主任提出了三点建设性建议：一是以建立研发中心的形式来进行科研项目；二是对司法鉴定中存在的世界性难题进行研究；三是对司法鉴定技术规范化、标准化的研究。最后，寿副主任表示愿意在政策允许的情况下为我所解决一些实际困难，为保障司法鉴定工作的可持续性发展添砖加瓦！

11. 杭州市司法局副局长张连生一行莅临我中心慰问指导工作

2014年1月16日，杭州市司法局副局长张连生、杭州市司法局公证管理处（司法鉴定管理处）处长施建良一行莅临浙江汉博司法鉴定中心慰问并指导工作。

张连生副局长一行在浙江汉博司法鉴定中心主任胡祖平的陪同下先后参观了汉博鉴定中心的文痕实验室、法医病理实验室、法医物证（DNA）实验室、受理接待室。张副局长询问了中心的人员配置、工作制度等相关工作情况，并与中心的鉴定专家、工作人员进行了亲切交谈。

在随后的座谈交流会上，张连生副局长一行观看了汉博中心的宣传片。张副局长对汉博司法鉴定中心目前所配备的硬件设施给予了充分肯定，并指出，汉博司法鉴定中心的硬件配置不错，前期工作做得很充分，有了一个很好的基础；在发展方向上有自己的超前理念，并与中国刑事警察学院进行了强强联合，设立公安部重点实验室文件形成时间研究中心南方基地，增强了自身的实力。最后，张副局长就汉博司法鉴定中心今后的工作提出了几点要求：一是鉴定机构要做好服务工作，提升服务能力与科学管理水平，不断满足诉讼活动和人民群众的实际需要。二是边规范边发展，要进行制度建设，在规范的基础上稳步发展，少走弯路，健康发展。三是要提高鉴定质量，提供可靠的科学证据和客观、公正的鉴定服务，保障诉讼活动的顺利进行。

参观文痕实验室

12. 杭州市司法局党委副书记王刚强一行莅临我中心慰问指导工作

2014年9月23日上午，杭州市司法局党委副书记王刚强、杭州市司法局公证管理处（司法鉴定管理处）处长施建良一行莅临浙江汉博司法鉴定中心慰问指导工作。

王刚强副书记一行参观本中心文痕实验室，了解相关仪器设备。梁锋副主任就中心的人员配置、仪器配备等相关情况向王副书记作了介绍。中心首席顾问胡祖平陪同王刚强副书记一行参观了本中心的受理接待室、文痕实验室、法医病理实验室、法医物证（DNA）实验室和多媒体室。

王刚强副书记参观本中心受理接待室

王刚强副书记在本中心法医物证（DNA）实验室与工作人员亲切交谈

13. 杭州市司法局领导新春慰问送春风

2015年2月25日，在春节后上班的第一天，杭州市司法局党委副书记、副局长王刚强在司法鉴定管理处施建良处长、浙江省汉博鉴定科学技术研究院名誉院长和中心首席顾问胡祖平的陪同下，亲切走访了浙江汉博司法鉴定中心，给本中心的全体员工送来了亲切的慰问和美好的祝福。

王刚强等领导在慰问过程中详细了解了员工的生活、工作情况，亲切地同每一位员工握手，领导的贴心关怀让全体员工真切感受到党和政府的关爱和温暖。他对浙江汉博司法鉴定中心在司法鉴定行业所做出的贡献给予肯定，提出在依法治国的大方针下让司法鉴定工作更好地服务于社会和群众，为社会提供司法正能量，并祝愿本中心在司法鉴定的道路上越走越远。

慰问本中心员工

参观受理接待室

14. 由司法部司法鉴定管理局、最高院司法行政装备管理局相关领导组成的联合调研组莅临浙江汉博司法鉴定中心考察调研

为听取建立和完善司法鉴定管理与实际工作相衔接的运行机制的意见，5月13日上午，由司法部司法鉴定管理局邓甲明局长、最高人民法院司法行政装备管理局皮侃郑主任一行组成的联合调研组莅临浙江汉博司法鉴定中心考察调研。浙江省司法厅俞世裕副厅长、杭州市司法局吴声华局长、浙江省高级人民法院司法鉴定处杨宇军副处长等领导陪同参观调研。

调研组本次调研的主要内容是：了解浙江省司法行政部门与人民法院系统相互配合，共同规范司法鉴定工作的做法、成效和经验，听取相关部门和鉴定机构的意见和建议。

浙江省汉博鉴定科学技术研究院名誉院长、浙江汉博司法鉴定中心首席顾问胡祖平代表中心陪同调研组参观考察了各相关科室，并就中心目前的人员配置、仪器设备及规章制度等方面做了简要的讲解。

在调研座谈会上，胡祖平对中心的发展历程、所秉承的基本理念、中心特色和亮点以及取得的工作成果做了简要的汇报。座谈期间，胡祖平着重对当前司法鉴定行业所面临的五大风险进行了阐述和分析，并提出了几条建设性意见。

在座谈会上，邓甲明局长首先对汉博司法鉴定中心十年来所取得的成绩给予了肯定，并对目前所面临的问题提出了几条指导性意见，一是找准司法鉴定行业的定位，二是规范行业收费标准，三是进一步加强自身建设，健全各项规章制度，努力提高执业水平。

最高人民法院司法行政装备管理局司法技术辅助办公室调研员王魁、司法部司法鉴定管理局管理处郑振玉处长和监督处赵昕翀副处长等领导参加了本次调研活动。

召开座谈交流会

调研组等领导与中心领导合影留念

15. 福建省司法鉴定调研组莅临我中心参观调研

2015年7月9日下午，福建省司法鉴定协会会长何松国、副会长张纪卯、副秘书长李思泽等一行在浙江省司法鉴定协会副秘书长金素红的陪同下，与本中心机构负责人薛建国、副主任梁锋一同参观了中心各相关科室，并召开了交流座谈会。

在交流座谈会上，梁锋副主任首先对中心的发展历程、业务开展、基本特色等方面做了简要概述。随后，双方领导就如何保障司法鉴定人的合法权益、鉴定队伍的人才培养、恶意投诉（鉴闹）的处理与应对方法等问题开展交流。何松国会长表示，对我中心人才的引进及鉴定流程的规范颇为认可，尤其是集办案、教学、科研、培训于一体的工作和管理特色，十分有利于司法鉴定事业长期、有序、健康地发展。

座谈交流会现场

16. 湖北省法院系统领导莅临浙江汉博司法鉴定中心参观考察

2015年5月14日下午，湖北省高级人民法院张俊芳处长、武汉市中级人民法院张正武处长、荆州市中级人民法院张文静处长等一行在浙江省高级人民法院戴晓华副调研员的陪同下莅临浙江省汉博司法鉴定中心参观考察。

湖北省法院系统领导与中心领导合影

浙江省汉博鉴定科学技术研究院名誉院长、浙江汉博司法鉴定中心首席顾问胡祖平和中心副主任梁锋陪同张俊芳处长一行参观了中心的文痕实验室、受理接待室、法医物证DNA实验室、多媒体室。

参观文痕实验室

参观受理接待室

参观多媒体室

17. 嘉兴市司法局副局长林时兴等领导莅临中心参观交流

2015年6月2日下午，嘉兴市司法局副局长林时兴，嘉兴市司法局律师管理处处长仰金贤、副处长汪宝成等领导一行莅临浙江汉博司法鉴定中心参观交流。

座谈会上，双方领导就目前司法鉴定行业的转型和定位、鉴定工作中存在的安全隐患及应对措施等进行了探讨与交流。

嘉兴市司法局一行与中心领导合影

中心副主任梁锋陪同参观文痕实验室

参观受理接待室

座谈会现场

18. 四川省泸州市司法局副局长苏世毅一行莅临中心参观交流

2015年6月12日下午，四川省泸州市司法局副局长苏世毅、司鉴科科长罗永莲等领导一行莅临我中心参观交流。杭州市司法局公证管理处（司法鉴定管理处）副处长王振华，本中心机构负责人薛建国、副主任梁锋陪同参观了各相关科室，并参加了座谈交流会。

座谈会上，副主任梁锋首先就中心的发展历程、基本特色及业务开展等方面做了简要概述。苏世毅副局长对本中心健全的软硬件设施及规范的管理制度给予认可，并对中心的文化建设成果表示赞许。双方领导还就高额仪器设备的选购及鉴定工作流程中遇到的瓶颈等问题进行了交流与探讨。

泸州市司法局一行与中心领导合影

参观受理接待室

座谈会现场

第二节　参观指导

1. 北京师范大学刑事法律科学研究院院长、中国刑法学研究会会长赵秉志等人莅临我中心参观交流

2013年9月13日下午，北京师范大学刑事法律科学研究院院长、中国刑法学研究会会长、国际刑法学协会副主席赵秉志等人莅临浙江汉博司法鉴定中心参观交流。汉博司法鉴定中心胡祖平主任接待了赵秉志院长一行。

赵院长一行在胡祖平主任的陪同下先后参观了汉博司法鉴定中心的文痕实验室、法医物证（DNA）实验室、法医病理实验室等科室。

随后双方进行了亲切交流，就彼此共同关心的一些问题交换了意见和看法。赵院长等人对于汉博司法鉴定中心司法鉴定的水准和先进的仪器设备等给予了高度赞扬，并希望本中心能继续增强鉴定公正意识，提升服务质量和水平，更好地为民服务，促进社会和谐。

赵秉志院长与胡祖平主任合影

2. 中国安防协会理事长、文件检验鉴定公安部重点实验室顾问组组长王彦吉教授等莅临我中心参观指导

2013年11月4日上午，原中国刑事警察学院院长、原中国人民公安大学校长、中国安防协会理事长、文件检验鉴定公安部重点实验室顾问组组长王彦吉教授一行在中国刑事警察学院文件检验技术系主任王相臣的陪同下莅临浙江汉博司法鉴定中心参观指导。

浙江汉博司法鉴定中心主任胡祖平代表中心全体人员对王彦吉教授一行的到来表示热烈欢迎。随后王彦吉教授一行在胡祖平主任的陪同下先后参观了汉博司法鉴定中心的文痕实验室、法医病理实验室、法医物证（DNA）实验室、受理接待室，并与工作人员进行了亲切交谈。王教授对本中心拥有的高端仪器配套设施给予了高度评价，充分肯定了汉博司法鉴定中心近年来取得的成就。

随后进行的座谈交流会上，王相臣主任首先简单介绍了前来参观考察的各位领导专家，接着胡祖平主任向各位领导专家介绍了汉博中心的发展历程、现状及文件检验鉴定公安部重点实验室文件形成时间研究中心南方基地建设的基本情况。

王彦吉教授在会议上致辞。王教授表示，这是他第一次走进民间鉴定机构，对于汉博中心历经8年的发展所取得的可喜成绩表示肯定。他说，文件制成时间是摆在各国文检工作者面前的难题，目前我们已经取得了一些方法，但这些分析方法都有各自的局限，我们要探索一种系统的检验文件形成时间的方法。随后，对于汉博中心未来的发展，王教授提出了几点建设性意见：一是文件制成时间样本库的制作；二是建立文件制成时间数据库；三是关于中心人才的引进、培养；四是关于中心如何更有效地管理等，并预祝浙江汉博司法鉴定中心发展越来越好。

其他专家就“司法鉴定未来的发展方向”、“如何收集文件形成时间研究所需样本”、“文件形成时间设备的利用”等方面发表了自己的看法。

王彦吉教授一行在胡祖平主任的陪同下参观法医办公区

王彦吉教授一行在胡祖平主任的陪同下参观受理接待室

专家座谈交流会

3. 公安部物证鉴定中心李虹教授一行莅临浙江汉博司法鉴定中心参观考察

2013年12月19日下午，公安部物证鉴定中心文件检验专家李虹教授一行莅临浙江汉博司法鉴定中心参观考察。浙江汉博司法鉴定中心主任胡祖平代表中心全体人员对李教授一行的到来表示热烈的欢迎。

李虹教授一行在胡祖平主任的陪同下先后参观了汉博司法鉴定中心的文痕实验室、法医病理实验室、法医物证（DNA）实验室、受理接待室。李教授对中心所拥有的高端的仪器设备和完善的配套设施赞不绝口。

在随后的座谈交流会上，胡祖平主任向李虹教授等人介绍了汉博司法鉴定中心的发展历程、现状、目标及规划。李教授充分肯定了汉博司法鉴定中心具备的软实力，同时对胡主任超前的理念、有效的管理表示赞许。接着，李教授对汉博司法鉴定中心未来的发展提出了几点建设性意见：一是剔除短板，招募精英；二是不急不躁，稳步发展；三是打造精品，打造品牌。最后，李教授与中心的文痕专家就“工作责任心”、“司法鉴定工作中的风险防范”等方面进行了交流、探讨。

李虹教授参观文痕实验室

李虹教授参观法医物证（DNA）实验室

召开座谈会

4. 西南政法大学刑事侦查学院副院长易旻等莅临我所参观指导

2013年9月10日下午，西南政法大学刑事侦查学院易旻副院长、东南司法鉴定中心沈晓林主任等人莅临浙江汉博司法鉴定所参观考察。

易副院长一行在胡祖平主任和梁锋副主任的陪同下先后参观了汉博所的文痕实验室、法医物证（DNA）实验室、声像资料实验室、法医病理实验室。易副院长等人对于汉博所专业的司法鉴定水准、先进的仪器设备和完备的基础设施给予了高度赞扬。

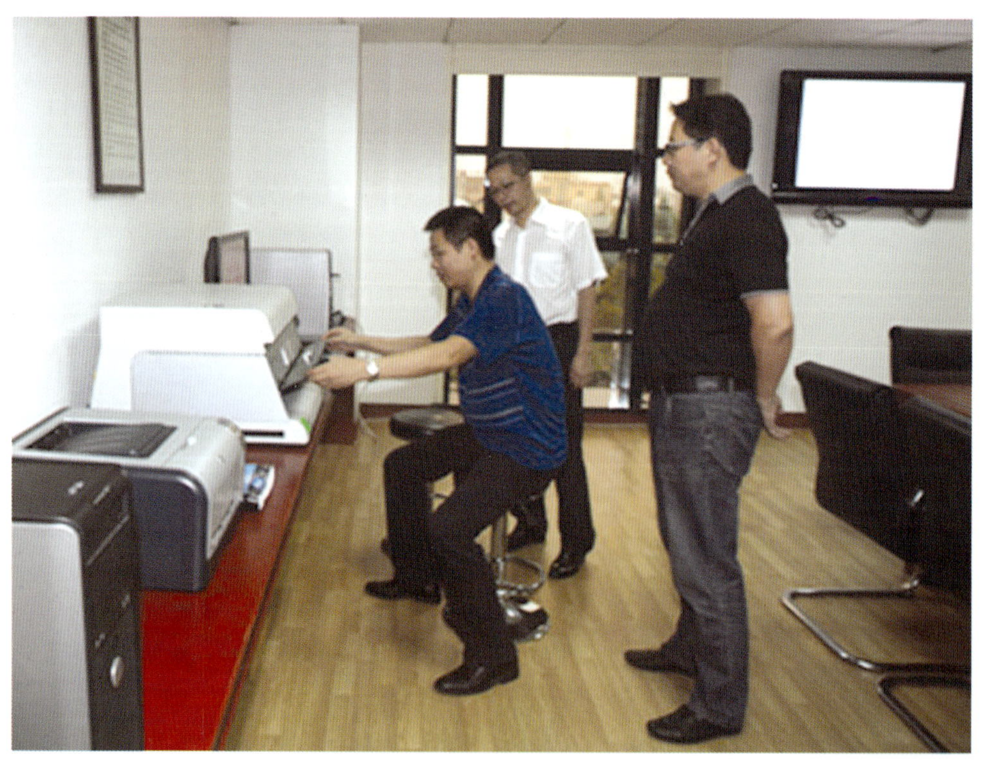

易旻副院长一行参观文痕实验室

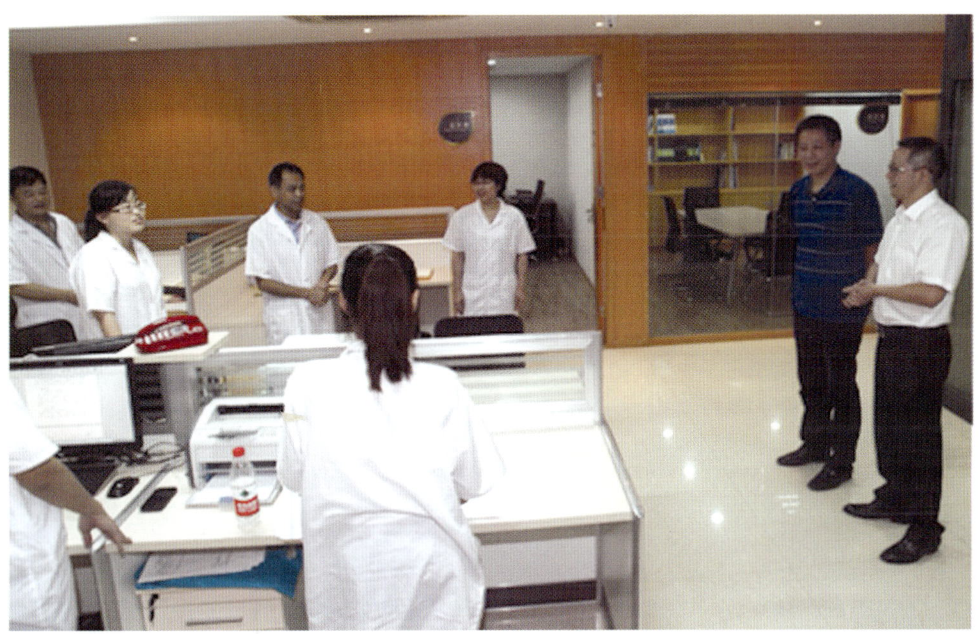

易旻副院长一行参观法医工作区

易旻副院长一行参观受理接待室

5. 中国刑事警察学院教授、沈阳兴景司法鉴定中心主任杨军一行莅临我中心参观指导

2014年2月20日下午，中国刑事警察学院教授、沈阳兴景司法鉴定中心主任杨军一行莅临浙江汉博司法鉴定中心参观考察。浙江汉博司法鉴定中心主任胡祖平代表中心全体人员对杨教授一行的到来表示热烈欢迎。

在胡主任的陪同下，杨教授一行先后参观了汉博司法鉴定中心的文痕实验室、法医病理实验室、法医物证（DNA）实验室、受理接待室，并对中心拥有较强的软硬件实力表示由衷的赞叹。

在随后进行的座谈交流会上，杨军教授一行观看了汉博中心的宣传片，接着胡祖平主任向杨教授等人简单介绍了中心的发展历程及现状，随后中心文检专家就“司法鉴定中的执业风险防范”、“案件受理的注意事项”、“样本采集的注意事项”等方面与大家交流了自己的看法和意见。

中心副主任梁锋、受理接待室主任杨彩丽等人就“案件受理流程”、“检材的保护”、“案件受理的细节处理”等方面与杨教授一行进行了探讨。会场上气氛非常热烈，大家各抒己见，畅所欲言。会上，胡祖平主任强调，案件受理接待是司法鉴定执业风险防范的第一环节，相关的注意事项及一些细节处理方面都很重要，中心目前做得不错，但仍需要不断地改进，在保证鉴定质量的同时将执业风险降到最低。

召开座谈会

6. 杭州师范大学法学院院长李安一行莅临我中心参观指导

2014年3月14日上午，杭州师范大学法学院院长李安教授、邵劭副教授一行莅临浙江汉博司法鉴定中心参观交流。浙江汉博司法鉴定中心主任胡祖平代表中心全体人员对李安院长一行的到来表示热烈欢迎。

李院长一行在胡祖平主任的陪同下参观了中心的实验室等相关科室，并进行了座谈交流。

在座谈交流会上，李安院长一行观看了汉博司法鉴定中心的宣传片，通过短片了解了中心的发展历程及目前的基本状况。李安院长也简单描述了杭州师范大学法学院的师资力量、学院创办的特色科研、最新技术设备等。胡祖平主任、梁锋副主任及文检室主任薛建国与李安院长一行就“证据科学实验室”、“鉴定技术文化建设”等方面交流了各自的想法和意见，最后，双方就文化建设、设备共享、资料藏书共享等方面达成了共识。

李安院长、邵劭副教授与胡祖平主任合影

本次座谈在热烈融洽的氛围中进行，汉博司法鉴定中心希望通过杭州师范大学强大的师资力量与本中心雄厚的技术力量，为即将进行的联合共建奠定基础，推进司法鉴定行业的健康发展。

召开座谈会

7. 中国刑事警察学院文件检验系主任王相臣一行莅临刑警学院教学科研实践基地(浙江汉博司法鉴定中心)考察研究生的实习情况

2014年4月17日，中国刑事警察学院文件检验系主任王相臣教授一行莅临浙江汉博司法鉴定中心考察指导。浙江汉博司法鉴定中心作为中国刑事警察学院教学科研实践基地，于2014年2月迎来第二批中国刑警学院文检专业的研究生实习生。王相臣主任此次是代表中国刑警学院对本批实习生的实习情况进行考察调研的。

在座谈交流会上，汉博司法鉴定中心主任胡祖平向王相臣主任简单介绍了实习生的实习日程安排、实习工作情况。中心领导及文检室主任薛建国等专家对实习生的实习情况进行了总结，并对实习期间的表现给予了充分的肯定。大家一致认为实习生基本素质高、学习主动性强、富有创造性思维，有钻研精神，敢于发表自己的意见，能出色地完成实习工作。实习生也总结了实习的学习心得与体会，通过这段时间指导老师们的悉心指导，加深了对专业知识的理解，提高了对技能的掌握，并对这段时间中心领导、专家给予的关心与帮助表示由衷的感谢。

王相臣主任对本批实习生的实习情况表示满意，充分肯定了汉博司法鉴定中心对历届实习生的重视，对中心领导和指导老师给予实习生在实践和实习过程中的关心、指导表示感谢，并与中心领导确认了下一批实习生实习时间、人数等信息。此次交流加强了院校与教学科研实践基地的合作，有利于为社会输送更加优秀的司法鉴定人才。

座谈交流会

王相臣教授一行与我中心负责人合影

8. 中国刑事警察学院王世全院长一行莅临我中心指导工作

2014年8月18日上午，中国刑事警察学院院长王世全、文件检验技术系主任王相臣一行莅临中心，视察公安部文检重点实验室文件形成时间研究中心南方基地工作及实习生的实习工作。汉博中心文书鉴定室主任薛建国代表中心全体人员对王院长一行的到来表示热烈欢迎，并进行了座谈交流。汉博中心首席顾问胡祖平、副主任梁锋、文检专家及中国刑警学院本期实习生一同参加了座谈会。

在座谈会上，薛建国主任就“实验室的基本情况”、“实验样本的书写工具和书写纸张的收集情况”、“下阶段的工作计划”等向领导做了汇报。王世全院长对汉博中心一流的办公环境、敬业勤奋的团队表示赞赏，对中心当前的工作表示肯定，也指出了一些不足之处。会上，王相臣主任指出书写时间鉴定比较复杂，要做好长期努力的思想准备，并且规范了书写纸张的规格、书写工具的类型等相关事项。在实验室样本制作探讨环节，王院长一行与汉博中心的文检专家各抒己见，畅所欲言，最后制定出下阶段中心实验室的工作计划。

实习生代表付双旭同学在会上发言，将实习期间的工作情况、生活情况、实习体会等向王院长一行做了汇报。王院长对汉博中心给予实习生工作上的悉心指导和生活上的体贴关怀表示感谢。目前汉博中心在全国社会司法鉴定机构的综合实力中处于领先水平，是十分理想的实习场所，并提出中心拥有案件多、案件新的优势，希望实习生在剩余的实习时间里多看案件、体验社会，期望能取得更大的收获。

王世全院长一行参观受理接待室

座谈交流会

9. 中国政法大学法庭科学技术鉴定研究所刘建伟副所长一行莅临我中心参观交流

2014年9月16日，中国政法大学法庭科学技术鉴定研究所副所长刘建伟一行莅临浙江汉博司法鉴定中心参观交流。浙江省汉博鉴定科学技术研究院名誉院长、浙江汉博司法鉴定中心首席顾问胡祖平和中心副主任梁锋陪同参观。

刘建伟副所长一行与胡祖平院长、梁锋副主任合影

参观受理接待室、文痕实验室

参观DNA实验室、法医病理实验室、多媒体室

10. 河南司法警官职业学院党委书记贾书魁一行莅临中心参观交流

2015年5月27日上午，河南司法警官职业学院党委书记贾书魁、组织部部长李春青等一行莅临中心参观交流。中心机构负责人薛建国、副主任梁锋、专家代表及新闻传媒部代表参加了座谈交流会。

薛建国主任、梁锋副主任陪同贾书魁书记一行参观了各相关科室，并对当前仪器设备的配置做了讲解。在随后的座谈交流会上，梁锋副主任首先代表中心首席顾问、汉博鉴定科学技术研究院名誉院长胡祖平及全体员工，对各位领导的莅临表示热烈的欢迎，并简要介绍了中心的发展历程、业务开展、中心特色等工作情况。贾书魁书记首先对中心的热情接待表示感谢，对中心的软硬件建设及人性化管理给予了高度评价，并对中心行业理念的定位及创新给予了充分的肯定。在谈及此次参观交流活动的感受时，贾书记将中心特色概括为以下三点：一是健全的办公设施、人性化设计风格符合各部门实际工作需要，赏心悦目；二是高度重视理论与实践相结合，与多所知名院校联合共建科研、实习基地，走强强联合之路，颇具特色；三是坚持以信誉、质量、品牌为执业目标，服务公益。互动交流中，大家对司法鉴定流程、鉴定质量、风险防范等热点问题进行了交流。

河南司法警官职业学院党委书记与中心领导合影

参观文痕实验室

参观受理接待室

座谈会现场

11. 绍兴文理学院党委委员柳国庆等一行莅临我中心参观交流

2015年6月5日上午，绍兴文理学院党委委员、医学院党委书记兼副院长和绍兴文理学院司法鉴定中心法人代表柳国庆、绍兴文理学院医学院副院长和绍兴文理学院司法鉴定中心主任葛建荣、鉴定中心副主任和法医物证鉴定室主任张巧英等一行莅临我中心参观交流。

浙江省汉博鉴定科学技术研究院名誉院长、浙江汉博司法鉴定中心首席顾问胡祖平及副主任梁锋陪同参观了各相关科室。

在随后的座谈会上，梁副主任首先就中心的发展历程、行政管理、特色亮点及科研成果等方面做了系统的介绍。柳国庆书记充分肯定了中心的文化建设、品牌树立及核心价值观等，并对中心集办案、教学、科研、培训为一体的运行模式给予了高度的评价。胡祖平院长表示，要以加强文化建设为中心，深入开展法制宣传，积极开展教育培训，为进一步提高司法鉴定公信力，为构建和谐法治社会做出积极贡献。

会议期间，双方领导还就目前鉴定行业存在的风险及转型升级等问题进行了探讨与交流。

绍兴文理学院一行与中心领导等合影

参观文痕实验室

参观受理接待室

参观法医物证DNA实验室

座谈会现场

第二章

追　求

十年

第一节 人才兴所

1. 胡祖平主任在中国刑事科学技术协会文件检验专业委员会第三次代表会议上继续被推选为委员

2011年7月13日至15日，由全国公安系统、检察系统、法院系统、司法系统、安全系统、知名院校及部队系统的文件检验专家组成的领导组成员在江苏泰州召开了中国刑事科学技术协会文件检验专业委员会第三次代表会议。本所主任胡祖平作为浙江代表应邀参加了本次会议。

会议现场

在全体代表会议上，泰州市戴胜利副市长、江苏省公安厅刑侦局荣爱民局长到会致辞，中国刑警学院党委书记、院长王世全和中国刑事科学技术协会理事长袁小尹发表了热情洋溢的讲话，第二届文件检验专业委员会主任委员贾玉文教授做了工作报告，副主任委员周颂东宣读《文件检验专业委员会管理办法（草案）》，会议最后，中国刑科协朱翔处长宣读了第三届文检专业委员会候选人名单和拟任主任委员、副主任委员、常务委员、秘书长、副秘书长以及拟任名誉主任委员、名誉委员名单。

经过各代表选举，中国刑警学院党委书记、院长王世全荣任第三届文检专业委员会主任委员，刑警学院文检系主任王相臣、公安部物证鉴定中心文检处主任郝红光等十位专家任副主任委员，同时常务委员、秘书长、副秘书长人选也相继产生。本所胡祖平主任继续担任本届文件检验专业委员会委员。

胡祖平主任与中国刑警学院党委书记、院长王世全合影

胡祖平主任与中国刑警学院贾玉文教授合影

胡祖平主任与最高人民检察院技术管理处周颂东处长合影

2. 浙江汉博司法鉴定所胡祖平主任荣获浙江省司法行政系统“第三届百名优秀人物”

2012年12月4日，浙江省司法行政系统第三届“十大百优”表彰暨先进事迹报告会在浙江省人民大会堂隆重举行。会上，胡祖平主任被授予了浙江省司法行政系统“第三届百名优秀人物”荣誉称号。

此次评选始终遵循公正、公平、公开的原则，经各鉴定机构积极推荐、市局严格考察、社会公开投票等方式层层筛选，全省仅四位司法鉴定工作者获此殊荣。

胡祖平同志现任浙江汉博司法鉴定所主任，在从事文件检验工作的二十余年中，始终以高尚的人格和优秀的职业

浙江省司法行政系统第三届“十大百优”表彰暨先进事迹报告会会场

道德严格要求自己，不断钻研文检技术和理论，先后6次被评为浙江省法院系统直属机关先进个人，2次荣立个人三等功，有着丰富的文件检验经验和良好的口碑。

在胡祖平主任的眼中，浙江汉博司法鉴定所不是个人赚钱赢利的工具，也不仅仅是一份单纯的工作，而是像自己的孩子一样，其成长和发展充满无限可能与潜力。他先后投入巨资购入先进仪器，提升汉博所的硬件设施，如连续变倍体视显微镜、体视显微图像成像系统、法斯特VSC6000文件检验超级工作站及奥博（OPTEM）目镜/视频层析显微镜等世界顶尖的文检设备。其后又聘请了国内知名专家，充实汉博所的人力资源，如享受国务院政府特殊津贴的中国刑警学院陈明春教授、公安部刑事技术研究所痕迹主任赵向欣高级工程师等国内享有盛誉的专家。经过不断努力，2011年5月13日，浙江汉博司法鉴定所率先取得了“资质认定计量认证证书”，成为杭州市首家、浙江省内第二家同时获得文书鉴定、痕迹鉴定、法医临床鉴定三类鉴定项目资质认定的司法鉴定机构。2012年8月11日，汉博所还与中国刑事警察学院签订“科研技术合作协议书”，决定联合共建“公安部重点实验室文件形成时间研究中心”（以下称“中心”），并将汉博所作为“中心”的南方基地和“中国刑事警察学院教学科研实践基地”，进一步增强了汉博所的实力与社会影响力。汉博所的业务量也从最初的几十件增加到了2015年的近1000件，这充分反映了社会对汉博所的肯定与信任。

胡祖平主任和他的浙江汉博司法鉴定所已然树立起了浙江司法鉴定行业的一面旗帜。

授予：胡祖平同志

浙江省司法行政系统“第三届百名优秀人物”称号。

浙江省司法厅

二〇一二年十一月

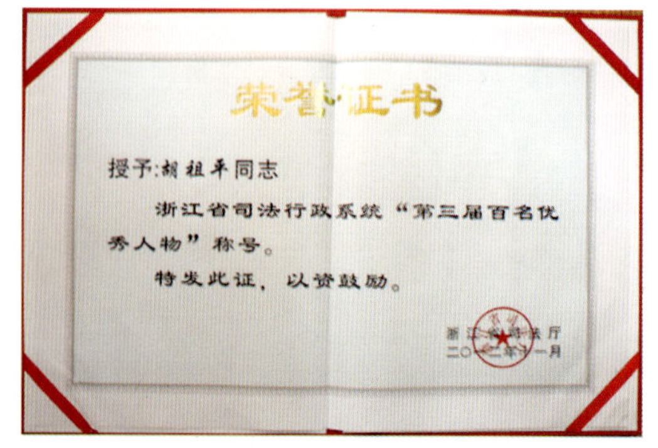
荣誉证书

授予：胡祖平同志

浙江省司法行政系统“第三届百名优秀人物”称号。

特发此证，以资鼓励。

浙江省司法厅

二〇一二年十一月

浙江省司法行政系统“第三届百名优秀人物”荣誉证书

3. 胡祖平主任应邀参加公安部重点实验室第二届学术委员会第一次全体会议，并被聘为文件检验鉴定公安部重点实验室学术委员会委员

2013年3月21日，由公安部、中国刑事警察学院主持召开的“公安部重点实验室第二届学术委员会第一次全体会议”在中国刑警学院隆重召开，浙江汉博司法鉴定所胡祖平主任应邀参加了此次会议，并被聘为文件检验鉴定公安部重点实验室学术委员会委员。

公安部重点实验室第二届学术委员会第一次全体会议会场

此次全体委员会议由中国科学院院士、中国科学院化学研究所研究员、博士生导师赵进才教授主持。按照大会议程，中国刑警学院科研处张星处长首先宣布文件检验鉴定公安部重点实验室第二届学术委员会成立大会开幕，宣布学术委员会委员的组成名单，并现场颁发聘书。中国科学院院士、中国科学院化学研究所研究员、博士生导师赵进才教授任主任委员，中国刑警学院党委书

记、院长王世全教授和公安部物证鉴定中心文件检验处处长、文刑科协文件检验专业委员会副主任委员、研究员郝红光处长任副主任委员。浙江汉博司法鉴定所胡祖平主任正式受聘为文件检验鉴定公安部重点实验室学术委员会委员。

会上，各与会委员认真听取了重点实验室王相臣主任的“重点实验室第1建设周期工作情况汇报”，并审议通过了《文件检验鉴定公安部重点实验室三年（2013-2015）发展规划》与《文件检验鉴定公安部重点实验室三年（2013-2015）实施方案》；最后，各与会委员评审了2013年度公安部科技强警基础专项项目。

“公安部重点实验室第二届学术委员会第一次全体会议”的成功举行，将有力推动公安部重点实验室各项工作与研究项目的进行，使我国文件检验技术与国际接轨，达到一个全新的高度。

胡祖平主任获聘为文件检验鉴定公安部重点实验室学术委员会委员

4. 浙江汉博司法鉴定中心胡祖平主任获聘为中国刑事警察学院客座教授

2013年12月12日，浙江汉博司法鉴定中心主任胡祖平获聘为中国刑事警察学院客座教授。胡主任应邀参加了聘任仪式，中国刑事警察学院院长王世全代表学院为胡主任颁发了聘任证书。胡祖平主任作为浙江汉博司法鉴定中心的领头人，始终以高尚的人格和优秀的职业道德严格要求自己，孜孜不倦地钻研行业技术和理论，积累了丰富的司法鉴定的实践经验，引领着汉博司法鉴定中心全体人员朝着行业翘楚的目标大踏步地前进。

王世全院长为胡祖平主任颁发了聘任证书

当天，胡祖平主任还为中国刑事警察学院干部培训班做了题为“我国司法鉴定的沿革、机遇和挑战”的讲座。胡主任幽默风趣的演讲风格、深入浅出的案例剖析，赢得了在座各位学员的热烈掌声。讲座在轻松、活泼、和谐的气氛中结束。会后听课的老师及学员纷纷感言此次讲座让他们受益匪浅，收获颇丰。

授课现场

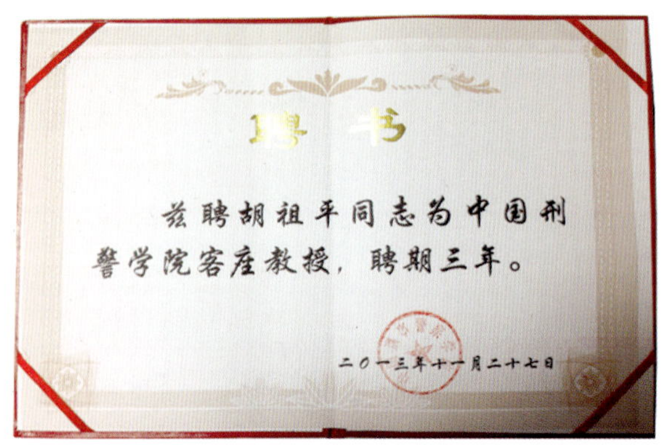

聘书

兹聘胡祖平同志为中国刑警学院客座教授，聘期三年。

二〇一三年十一月二十七日

聘任证书

5. 浙江省第一次司法鉴定代表大会暨司法鉴定协会成立大会在杭州市召开，浙江汉博司法鉴定中心首席顾问胡祖平当选为常务理事

2013年12月30日至31日，浙江省第一次司法鉴定代表大会暨司法鉴定协会成立大会在杭州市召开。出席本次会议的有浙江省人大常委会副主任厉志海、司法部司法鉴定管理局局长霍宪丹、浙江省司法厅厅长赵光君、浙江省司法厅副厅长俞世裕、浙江省司法厅政治部主任朱晓晔及全省司法鉴定机构代表和公、检、法、司等相关职能部门代表100多人。浙江汉博司法鉴定中心首席顾问胡祖平应邀参加了本次大会。

会议期间，省人大常委会厉志海副主任在会议上发表了讲话，对我省司法鉴定“控制数量，确保质量，提高司法鉴定社会公信力”的指导思想和以“规模、品牌、特色”为导向的发展思路给予了充分肯定，并就进一步做好浙江省司法鉴定工作提出三点希望。司法部司法鉴定管理局霍宪丹局长充分肯定了浙江司法鉴定取得的成绩，同时要求浙江司法鉴定行业进一步推动司法鉴定转型升级，进一步推进司法鉴定服务公共体系建设，进一步加强司法鉴定制度的体系化建设。省司法厅厅长赵光君代表省司法厅对浙江省司法鉴定协会的成立表示热烈的祝贺，并对全省司法鉴定工作提出了“要以人民群众需求为导向，着力提高司法鉴定工作的专业化水平”等四点要求。

本次大会选举出了会长、副会长及秘书长，并推举出了名誉会长，选出了浙江省司法鉴定协会第一届理事27名，常务理事11名，设立法医病理、法医临床、法医物证毒物、法医精神病和文书痕迹鉴定五个专业委员会，以及惩戒维权、质量管理和继续教育三个委员会。浙江汉博司法鉴定中心首

霍宪丹局长与胡祖平主任合影

席顾问胡祖平成功入选本届常务理事会理事，作为常务理事之一又被提名为文书痕迹鉴定专业委员会主任候选人。

浙江省司法鉴定协会的成立有利于促进司法公正，提高鉴定质量，维护社会稳定，对合法、有序、规范地开展司法鉴定工作起到了监督与指引的作用，同时对浙江省司法鉴定事业的健康发展起到了积极的推进作用。

浙江省第一次司法鉴定代表大会暨司法鉴定协会重要成员合影

会议现场

6. 浙江省汉博鉴定科学技术研究院名誉院长、浙江汉博司法鉴定中心首席顾问胡祖平获聘杭州师范大学沈钧儒法学院首批兼职教授

2014年7月2日下午，浙江省汉博鉴定科学技术研究院名誉院长、浙江汉博司法鉴定中心首席顾问胡祖平获聘杭州师范大学沈钧儒法学院首批兼职教授，并应邀参加了聘任仪式。浙江汉博司法鉴定中心副主任梁锋也应邀陪同参加。沈钧儒法学院院长李安、党委书记罗思荣、副院长朱炜、党委副书记唐钢、副院长赵元成等院领导出席了聘任仪式。

在聘任仪式上，沈钧儒法学院院长李安代表学院为胡祖平院长颁发了聘任证书。杭州师范大学沈钧儒法学院规模较大，师资力量与教学科研实力雄厚。此次汉博司法鉴定中心与高等院校的强强联合，加强了司法鉴定机构与高等院校的沟通，使教学理论与实践紧密结合，开通了在高等院校培养优秀司法鉴定人才的渠道。

聘任仪式现场

沈钧儒法学院院长李安对胡祖平院长在司法鉴定工作方面的成绩表示肯定。胡祖平院长于2013年12月获聘中国刑事警察学院客座教授，近日又被西南政法大学聘为客座教授。其从事文检工作20多年，受理各类文检案例5000多起，在解决重大疑难案件方面，具有扎实的专业理论基础和丰富的实践经验，为司法鉴定事业做出了积极贡献。

李安院长为胡祖平院长颁发聘任证书

7. 我所陈庆云同志荣获“杭州市2011年度优秀司法鉴定人”荣誉称号

2012年5月2日，我所陈庆云同志被杭州市司法局授予“杭州市2011年度优秀司法鉴定人”荣誉称号（见下图）。

本次评选按照公平、公开、公正的原则，经各鉴定机构推荐，市局考察，层层筛选，共有10位优秀司法鉴定人获此殊荣。

陈庆云同志从事痕迹鉴定工作四十余年，有着丰富的指纹检验经验，退休后受聘于浙江汉博司法鉴定所从事痕迹检验工作，现任浙江汉博司法鉴定所痕迹检验室负责人。自执业以来，始终以高尚的品格和优秀的执业道德严格要求自己，不断刻苦钻研专业技术理论，恪尽职守，勤勉尽责，爱岗敬业，诚实守信。

诗人泰戈尔在他的《飞鸟集》中曾写下这样饱含深情的优美的诗句：绿草是无愧于它所生长的伟大世界的。陈庆云同志在平凡的岗位上，做出了不平凡的事业。他维护了社会的公平和正义，促进了社会的和谐与稳定，践行了一名老共产党员无私奉献、淡泊名利、一生为民的精神！在工作中以高度的责任感和高尚的人格魅力得到了当事人和委托单位的一致好评和肯定。

2012年5月14日下午，汉博所领导对陈庆云同志进行了嘉奖，并希望其他司法鉴定人向陈庆云同志学习，使爱岗敬业、专业进取、诚实守信、服务社会的精神更加广泛、深入，扎实地做好司法鉴定工作，为我市司法鉴定工作的稳步发展，为维护社会公正、促进社会和谐、服务我市经济建设做出更大的贡献。

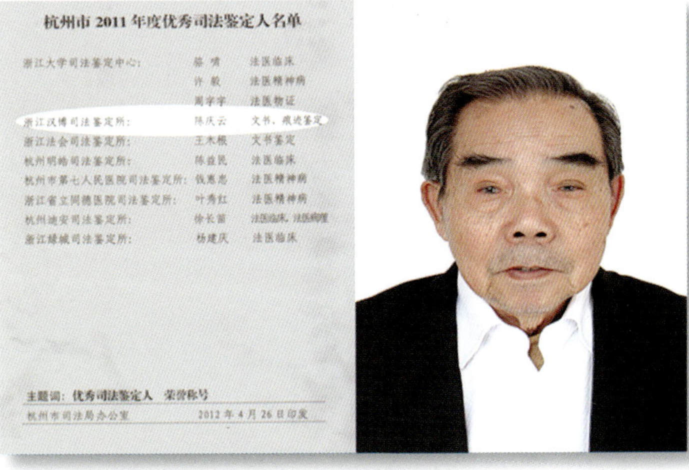

杭州市2011年度优秀司法鉴定人名单

浙江大学司法鉴定中心：	蔡晴	法医临床
	许毅	法医精神病
	周宇宇	法医物证
浙江汉博司法鉴定所：	陈庆云	文书、痕迹鉴定
浙江法会司法鉴定所：	王木根	文书鉴定
杭州明略司法鉴定所：	陈益民	法医临床
杭州市第七人民医院司法鉴定所：	钱惠忠	法医精神病
浙江省立同德医院司法鉴定所：	叶秀红	法医精神病
杭州迪安司法鉴定所：	徐长苗	法医临床、法医病理
浙江绿城司法鉴定所：	杨建庆	法医临床

主题词：优秀司法鉴定人　荣誉称号

杭州市司法局办公室　　2012年4月26日印发

8. 陈万全同志荣获“杭州市2012年度优秀司法鉴定人员”称号

2013年4月15日，浙江汉博司法鉴定所文书鉴定人陈万全同志被杭州市司法局授予“杭州市2012年度优秀司法鉴定人”荣誉称号（见下图）。

本次评选按照公平、公开、公正的原则，经各鉴定机构推荐，市局考察，层层筛选，共有10位优秀司法鉴定人获此殊荣。

陈万全同志作为文件检验高级工程师，毕业于华东政法学院法律系（本科），从事文书鉴定工作四十余年，有着丰富的文件检验经验，退休后受聘于浙江汉博司法鉴定所从事文件检验工作。自执业以来，始终以高尚的人品和优秀的执业道德严格要求自己，不断刻苦钻研专业技术理论，恪尽职守、勤勉尽责，在平凡的岗位上，做出了不平凡的事业。

荣誉证书
HONORARY CREDENTIAL
陈万全同志
被评为 2012 年度优秀司法鉴定人
杭州市司法局
二〇一三年四月

9. 我中心汪振华同志荣获“2013年度杭州市优秀司法鉴定人”光荣称号

2014年1月20日，经杭州市司法局考察，层层筛选，浙江汉博司法鉴定中心汪振华副主任法医师荣获“2013年度杭州市优秀司法鉴定人”光荣称号。

在下午的中心例会上，中心领导对他进行了表彰。汪振华同志在工作中兢兢业业、客观公正、能力突出、作风严谨，获得各委托单位的一致好评。

余家树副主任法医师、鉴定人助理刘青青等同志也获得了中心领导的表彰。他们在2013年撰写的多篇学术论文被一些国家级学术交流会录用，并在一些重要学术期刊上公开发表。他们积极的学术活动，带动了中心学术研究的氛围，使得中心的学术研究朝着更深入的方向发展。

中心领导通过对他们的表彰，号召全体人员以他们为榜样，向他们学习，在新的一年中以饱满的工作热情投入到司法鉴定工作中来，恪守职业纪律、职业道德，进一步提升服务能力和鉴定质量，为扎实推动司法鉴定行业持续稳步发展，为建设和谐社会发挥积极作用。

汪振华同志受到表彰，右为荣誉证书

10. 浙江汉博司法鉴定中心在首届“宋慈杯”优秀司法鉴定文书评选活动中获奖

由司法部司法鉴定管理局主办的司法鉴定文书质量和行业文化建设专题研讨会于2014年12月6日在福建建阳召开。浙江汉博司法鉴定中心机构负责人、文检室主任薛建国应邀参加了会议。

本次研讨会也组织进行了全国首届“宋慈杯”优秀司法鉴定文书评选活动，来自全国543家司法鉴定机构报名参加，参选的司法鉴定文书共有1029份。经过评审专家严格把关，层层筛选，最终有60份获奖，其中一等奖3篇，二等奖6篇，三等奖9篇，优秀奖42篇。本中心参与评选的司法鉴定文书荣获“优秀奖”，是杭州市唯一一家获奖的司法鉴定机构。本次评选活动旨在通过强化示范和引领作用，提升司法鉴定文书质量，进一步提高司法鉴定行业的社会公信力。

薛建国主任代表本中心领取荣誉证书

荣誉证书

鉴定机构：浙江汉博司法鉴定中心

鉴定人：[illegible]

荣获首届“宋慈杯”优秀司法鉴定文书评选活动：

优秀奖

特发此证，以资鼓励。

司法部司法鉴定科学技术研究所 “2011计划”司法文明协同创新中心 承办

司法部司法鉴定管理局

二〇一四年十月

首届“宋慈杯”优秀司法鉴定文书评选活动优秀奖荣誉证书

第二节 实践基地

1. 司法部司法鉴定管理局、国家认证认可监督委员会在汉博所召开认证认可工作座谈会，胡占山、肖良等领导出席

2010年12月15日，由司法部司法鉴定管理局胡占山副局长、国家认监委实验室副主任肖良、浙江省质量技术监督局阚江洲处长等领导和各鉴定所主任一行在本所召开认证认可工作座谈会。

浙江省质监局合格评定监督管理处处长阚江洲在会上说："资质认定，是指国家和省质量技术监督部门对实验室和检查机构的基本条件和能力是否符合法律、行政法规规定以及相关技术规范或者标准实施的评价和承认活动。资质认定包括实验室资质认定（即计量认证）和检查机构资质认定（即审查认可），是国际上通行的先进管理制度。"在听取了各鉴定所代表对资质认定工作汇报后，胡副局长对本省认定工作给予了充分肯定，自司法部确定浙江省为6个试点省（市）之一后，本省认定工作整个进程按计划有序推进，省司法厅、省质量技术监督局认真组织，并为规范司法鉴定执业活动发挥了重要的作用。

整个会议围绕通过认证认可工作如何推动司法鉴定工作的有序发展进行了热烈讨论。浙江省质量技术监督局主任评审员程彬主任直言不讳的建议得到了在座领导的肯定。最后，国家认监委实验部肖良副主任对如何推动下一步认证认可工作、完善《评审准则》的要求和条规、更好地适应现状、更有效地管理等方面提出了建议。

座谈会现场

2. 浙江省司法厅主办、汉博司法鉴定所承办的“浙、苏、鲁2011年文书、痕迹司法鉴定人培训研讨班”在杭州举行

2011年10月28日至29日，由浙江省司法厅主办、浙江汉博司法鉴定所组织承办的“2011年文书、痕迹司法鉴定人培训研讨班”在杭州举行。来自浙、苏、鲁三省的100余位文书、痕迹司法鉴定人参加了此次研讨班。

浙江汉博司法鉴定所文书鉴定专家、中国刑警学院教授陈明春在培训班上做了题为“笔迹鉴定之“全、深、细、特”与“形、力、神”的理论与实验”的讲座，归纳总结“全、深、细、特”四字检验法在文检工作中的运用。浙江汉博司法鉴定所痕迹鉴定专家、公安部物证鉴定中心赵向欣高级工程师做了题为“关于痕迹学与指纹鉴定”的专题讲座，回顾了痕迹学的发展历程，详细讲解了指纹鉴定工作的方法和技巧。东南司法鉴定中心沈晓林主任做了“文件形成时间检验方法、鉴定意见表述及出庭策略”的专题讲座。

浙江省司法厅司法鉴定管理处负责人客观分析了文书、痕迹司法鉴定工作的现状和存在的不足，并就浙江省如何推进司法鉴定事业科学发展提出了五点建议。一是建立司法鉴定质量控制机制，规范司法鉴定执业活动；二是完善司法鉴定投诉处理工作机制，分级落实岗位责任；三是建立管理与使用相衔接的协作机制，营造良好的司法鉴定职业环境；四是完善日常监督管理机制，提高司法鉴定管理能力；五是建立司法鉴定人才保障机制，促进司法鉴定事业持续发展。

会上研讨了“如何避免重复鉴定”、“当鉴定意见与案件事实相违背时如何处理”等议题，三省代表纷纷就上述议题进行了深入研讨和交流。本次研讨班的举办，对进一步提高浙、苏、鲁三省文痕司法鉴定人员队伍的整体水平，推动长三角以及山东省文书、痕迹司法鉴定工作的进步和发展起到了积极的作用。

陈明春教授在培训会议上做学术讲座

3. 湖州市法院系统文痕交流座谈会在浙江汉博司法鉴定所举办

2012年5月25日，湖州市法院系统文痕交流座谈会在浙江汉博司法鉴定所举办，来自湖州市的法院领导和浙江汉博司法鉴定所的专家参加了此次会议。

座谈会邀请了浙江汉博司法鉴定所主任胡祖平、文书鉴定专家陈万全、指纹痕迹专家陈庆云，分别就“如何提高文书鉴定的准确率”、“如何收取笔迹样本”、“如何正确提取指印”等主题作了详尽探讨。会议还就加强法院与司法鉴定机构的经常性交流与沟通、司法鉴定所与各法院之间良性互动、如何提升司法鉴定工作规范化管理水平、司法鉴定质量与效率、让司法鉴定在刑事和民商事审判中发挥最佳作用等议题进行了讨论。

交流座谈会现场

4.“公安部重点实验室文件形成时间研究中心南方基地”落户浙江汉博司法鉴定所

2012年8月11日，“公安部重点实验室文件形成时间研究中心南方基地”暨“中国刑事警察学院教学科研实践基地”签约揭牌仪式在浙江汉博司法鉴定所举行。中国刑事警察学院院长王世全、浙江省司法厅副厅长俞世裕共同为“研究中心南方基地”、“中国刑事警察学院教学科研实践基地”揭牌。杭州市中级人民法院副院长汤海庆、杭州市司法局副局长吴建华以及浙江省高级人民法院、浙江省公安厅、浙江省司法厅、杭州市公安局、杭州市司法局相关业务处室的领导与会祝贺。王世全院长和浙江汉博司法鉴定所主任胡祖平分别在《科研技术合作协议书》上签字并互相交换文本。

王世全院长、俞世裕副厅长为“中国刑事警察学院教学科研实践基地”揭牌

从1989年开始，中国刑事警察学院在文件制成时间的检验鉴定方面做了大量的基础工作，并对各类书写和打印色料的种类和相对形成时间的检验进行了系统的研究。2008年8月，中国刑事警察学院文件检验鉴定实验室被公安部确定为首批部级重点实验室。实验室以文件物证的检验鉴定为主要研究方向，针

"公安部重点实验室文件形成时间研究中心南方基地"签约揭牌仪式合影

对文件检验鉴定工作中的难题和关键技术开展综合性研究，拥有国内知名专家教授30多人，这次中国刑事警察学院将实验室的南方基地落户浙江汉博司法鉴定所，填补了浙江省司法鉴定领域在文件形成时间研究方面的空白。

中国刑事警察学院院长王世全、浙江省司法厅副厅长俞世裕、杭州市司法局副局长吴建华以及浙江汉博司法鉴定所主任胡祖平分别在签约揭牌仪式上致辞。王世全院长说，中国刑事警察学院建校60多年来，培养了一批又一批的学生，这些学生活跃在全国公检法系统的证据科学岗位，之所以选择浙江汉博司法鉴定所作为"文件形成时间研究中心南方基地"和"中国刑事警察学院教学科研实践基地"，一是在前期考察中，对浙江汉博司法鉴定所的硬件建设感到震惊，是去过的全国所有司法鉴定所中硬件设施最好的；二是胡祖平所长的努力开拓和创新精神；胡祖平是我校1994届培训班的学生，对文检事业非常热爱，有刻苦钻研精神；三是希望通过搭建这样一个平台，加强学校与社会的沟通，以及教学与实践的良性互动。

浙江省司法厅副厅长俞世裕在致辞中指出，近年来，浙江汉博司法鉴定所以省厅提出的"规模、品牌、特色"为导向，在硬件建设上舍得投入，在软件建设上积极转型升级，队伍建设和业务建设取得了长足的发展；此次"公安部重点实验室文件形成时间研究中心南方基地"和"中国刑事警察学院教学科研实践基地"落户浙江汉博司法鉴定所，走强强联合之路，推进浙江司法鉴定行

业向全国权威机构靠拢，增强浙江司法鉴定机构的实力和战斗力，这件事本身就非常有意义，是符合浙江司法鉴定管理理念的，省厅非常支持；文件检验是浙江汉博司法鉴定所的特色，希望汉博所能把特色做成品牌，在做精做强做优上下功夫，走在全省前列，成为全省的榜样。

杭州市司法局副局长吴建华在致辞中对活动表示热烈祝贺。他说这是我市司法鉴定发展史上的一件值得祝贺的事情，对提升发展能力，增强发展实力，扩展发展功能，创新服务方法，建设规范管理，推动我市司法鉴定行业跨入新一轮健康发展轨道将起到积极的作用，各级各有关部门要积极支持司法鉴定行业的发展。

与会领导还逐一参观了汉博司法鉴定所的文痕实验室、法医鉴定室、痕迹鉴定室、文书检验室等，并认真仔细听取了各种仪器设备的应用知识介绍。

中国刑事警察学院刑事科学技术系主任王相臣、浙江省高级人民法院办公室主任陆永棣、司法鉴定处处长饶文军、后勤装备处处长张伟强、杭州市司法局司法鉴定管理处处长陶琦以及浙江省高级人民法院副处长杨宇军、浙江省人民检察院技术处副处长马荣壮、杭州市强制隔离戒毒所政委缪舜、浙江省公安厅刑侦总队文检室主任齐育新、浙江省公安厅国保总队高级工程师栾建渭等领导和专家也参加了签约揭牌仪式。

“公安部重点实验室文件形成时间研究中心南方基地”签约仪式合影

5. 胡祖平主任出席“公安部重点实验室文件形成时间研究中心”北方基地签约仪式

2012年11月6日，由中国刑事警察学院与浙江汉博司法鉴定所联合共建的“公安部重点实验室文件形成时间研究中心北方基地”签约揭牌仪式在中国刑事警察学院隆重举行。中国刑事警察学院院长王世全、文检系主任王相臣、浙江汉博司法鉴定所胡祖平主任和梁锋副主任出席此次仪式，并签署了《科研技术合作补充协议》。此份补充协议是对已签署的《科研技术合作协议书》的补充与细化。

在签约仪式上，王世全院长发表了讲话，他认为文件形成时间的检验鉴定方法众多，但在行业内还未有统一的、权威的检验鉴定标准，其检验鉴定的技术手段也十分有限。它作为中国司法鉴定行业中突出的难题，亟待我们去研究与攻克，希望“公安部重点实验室文件形成时间研究中心”的建立能为文件形成时间的检验鉴定研究出更为行之有效的检验方法，并制订出一个为业界广泛认可的、统一的鉴定标准，使文件形成时间的检验更加标准化、规范化与国际化。

胡祖平主任与王世全院长出席签约仪式

“公安部重点实验室文件形成时间研究中心北方基地”签约揭牌仪式现场

6. 杭州市新昌商会法律维权委员会第一次专题会议在我所举行

2012年10月23日，杭州市新昌商会法律维权委员会第一次专题会议在我所隆重举行。杭州市新昌商会常务副会长、法律维权委员会主任何中辉（“钱江水利”董事长），杭州市新昌商会副会长、维权委员会副主任胡祖平（浙江汉博司法鉴定所主任），杭州市新昌商会秘书长俞鉴修和副秘书长徐佰汀以及多位浙江新昌籍法律工作者、优秀企业代表参加了此次会议。

为了切实发挥杭州市新昌商会法律维权委员会的作用，更好地为广大会员与企业提供真正意义上的法律服务，杭州市新昌商会特成立法律维权委员会，并在我所举行第一次专题会议。会上，商会成员就法律维权委员会的宗旨与职责、如何有效地为商会会员及广大企业提供法律援助与服务等事项进行了热烈的讨论与深入的研究。胡祖平主任从自身从事司法鉴定工作几十年的经验出发对法律维权对企业的重要性、怎样做好法律援助提出了自己的看法。会议最终确定了《杭州市新昌商会法律维权委员会工作职责（试行）》与《杭州市新昌商会法律维权委员会具体服务方案》。

杭州市新昌商会法律维权委员会第一次专题会议现场

7. 我所主办的“浙江省2012年文书、痕迹司法鉴定人培训研讨班”在杭州举行

2012年10月24日至26日，由浙江汉博司法鉴定所主办的“浙江省2012年文书、痕迹司法鉴定人继续教育培训研讨班”在杭州举行。来自全省50余位文书、痕迹司法鉴定人参加了此次培训。

此次会议还邀请浙江省公安厅物证鉴定中心文检室宋志华高级工程师、浙江大学法学院胡铭教授分别做了“朱墨时序鉴定的相关检验技术”和“证据法学”的讲座。

本次研讨班上，对汉博所根据省司法厅要求草拟的《文件检验实验室配置和操作规范》进行了讨论，并提出了相关修改意见。另外，浙江汉博司法鉴定所胡祖平主任主持会议，就“当前文书鉴定存在的问题及对策”进行了相关研讨。

最后，由汉博所主持的对三类（摹仿笔迹、朱墨时序和打印文件变造）疑难案例进行了探讨与交流，大家积极互动，各抒己见，气氛热烈。本次培训对有效提高文书、痕迹司法鉴定人专业技能和执业水平，推动文书、痕迹司法鉴定工作的进步和发展起到了积极作用。

浙江省2012年文书、痕迹司法鉴定人培训研讨班会场

胡祖平主任主持“当前文书鉴定存在的问题及对策”研讨会

8.“司法鉴定与保险理赔”研讨座谈会在我所举行

2013年1月16日下午，中国平安财产保险有限公司理赔室负责人与汉博所相关负责人就“司法鉴定与保险理赔相关问题”进行了研讨交流。座谈会上双方紧紧围绕如何对伤残鉴定标准、重新鉴定及鉴定规范应用技能等法医临床司法鉴定相关专业性问题与涉及保险理赔的相关联问题一一进行了研讨。双方还就法医临床鉴定实践中的各类规范标准的理解与运用，以及针对法医临床鉴定实践中可能出现的问题进行了探讨和研究，并就如何完善法医临床实践与保险理赔中可能出现的问题提出了一系列解决措施。本次交流研讨会的举办，对推动司法鉴定领域与完善涉保司法鉴定协作交流机制，共同研究解决涉保司法鉴定工作中出现的新情况、新问题，切实维护人民群众的合法权益，进而维护社会和谐稳定，会有一定的促进作用。

9. 浙江司法鉴定行业三大机构——汉博、浙大、明皓集结专家资源共同“会诊”

2013年3月8日，浙江汉博司法鉴定所与浙江大学司法鉴定中心、浙江明皓司法鉴定所的多位资深笔迹鉴定专家聚集于汉博所的文痕实验室进行疑难案件的“会诊”。

此次会诊的是一件浙江省××法院委托明皓所重新鉴定的笔迹鉴定案，案情复杂，鉴定难度大。为保证司法鉴定结果的真实性与严谨性，汉博、浙大、明皓作为浙江省三大司法鉴定机构集结了省内最资深的文件检验专家为案件进行“会诊”，其中包括我所文件检验高级工程师、享受国务院政府特殊津贴的薛建国同志，文件检验高级工程师、全国最早从事文检技术工作者之一的肖庚彦同志。在文痕实验室中，专家们利用我所配备的体视显微镜、VSC-6000型文检仪等先进仪器对检材进行检验，观察细节特征，讨论案情，各抒己见。经过反复论证，终于就此次案件达成统一的鉴定意见，为法院审理案件还原真相、做出公平公正的判决提供了坚实的依据。

汉博、浙大、明皓三位专家讨论案情

汉博与浙大、明皓专家探讨细节

10. 我所召开首例医患纠纷听证会

2013年4月22日，某医患纠纷双方达成共识，委托我所就医方在某诊疗活动过程中是否存在过错行为进行司法鉴定。2013年5月10日上午10时，由我所专家主持的医患纠纷司法鉴定案件听证会在本所五楼会议室举行，医患双方当事人代表及代理人均到会，会上双方就案件中争议的焦点陈述了各方的观点，专家就案件中相关问题向医患双方进行询问，并依据相关医疗法律法规，辩证处理了该医患纠纷中相关资料不全的问题。由于专家的解释有理有据，使医患双方坐下来，心平气和地进行沟通，最后达成共识，使得本次听证会在和谐、融洽的氛围中结束。

此次听证会的召开，不仅为我汉博所今后开展鉴定医疗纠纷案件的工作拉开了序幕，充分体现了我所领导发展和开拓司法鉴定业务的信心及专家们的技术实力，同时也体现了医患双方对我汉博所科学、客观、公平、公正地开展鉴定工作给予了充分信任和认可。

目前，随着医疗卫生事业的不断发展与壮大，医疗新技术、新方法及新药物不断涌现，传统的医疗模式和观念受到各种冲击。由这些变化带来的医疗纠纷案件数量呈逐年上升趋势，这也是目前医学界经常受到困扰和不得不面对的现实问题。正确处理和化解医患纠纷，是我们司法鉴定工作者一项特殊的使命。

汉博所将以此为契机，不断提升鉴定专家们的业务能力，严格遵循司法鉴定人职业操守和相关的法律法规开展鉴定工作，在为解决医患纠纷案件的鉴定工作中求真务实，树立品牌意识，为创建和谐社会增加正能量贡献汉博人的力量。

11. 我所与浙江省等地相关律师代表举办法医临床伤残评定与文书鉴定座谈交流会

2013年8月29日下午，法医临床伤残评定与文书鉴定座谈交流会在浙江汉博司法鉴定所四楼多媒体会议室举行，会议由梁锋副主任主持。来自杭州市三道、远行和上海锦天城等律师事务所的省内外等地40余位律师代表以及汉博所领导、各科室负责人参加了此次交流会。《浙江法制报》、《今日早报》、《钱江晚报》、中国新闻社、明珠新闻频道等多家媒体对此次会议进行了报道。

胡祖平主任就文书鉴定问题发表讲话

法医临床学专家余家树主任讲了题为“法医临床学鉴定常见问题探讨”的讲座，汉博所胡祖平主任讲了题为“检材的保存与样本的提取”、“文书制成时间鉴定的简介”的讲座。讲座结束后，律师代表就司法实践中常见的问题与本所专家做了深入的交流互动。如“浙江的法院为何不轻易委托做文件形成时间鉴定”、“文件形成时间对文件的保存有什么要求”、“什么是人为老化”、“后添加的文字与原有的文字能否做出各自的形成时间”、“怎样才能判断是否同一支笔书写”、“朱墨时序怎样判断”以及“法医临床鉴定中怎样把握送检时间”、“伤残等级评定参照和适用的标准以及鉴定人出庭”等相关问题，各位律师提出的问题都有一定的代表性，都是当前司法鉴定行业及诉讼活动中关注度较高的热点、难点。汉博所的专家就各位代表提出的问题一一做了解答。大家各抒己见，讨论气氛热烈。

司法鉴定在司法实践中具有重要作用，在认定案件事实、化解社会矛盾、促进法律公正方面有着积极影响。此次交流会的举办，目的就是增强鉴定人与律师之间的沟通交流，使司法鉴定更好地服务于诉讼实践。最后，大家纷纷表示希望多组织这样的活动，促进司法鉴定与诉讼活动有机结合，更好地为民服务，促进社会和谐。

座谈交流会现场

12. 浙江省2013年文书、痕迹司法鉴定人继续教育培训班在杭州市举行

2013年10月26日至27日，由杭州市司法局主办、浙江汉博司法鉴定中心承办的“2013年文书、痕迹司法鉴定人继续教育培训班”在杭州市湖光饭店举行。来自全省司法鉴定机构的50多名文书、痕迹司法鉴定人及鉴定人助理共同参加了本次培训会议。

本次继续教育培训学习会议内容丰富、形式新颖。浙江汉博司法鉴定中心特聘专家中国刑事警察学院谢朋教授、浙江汉博司法鉴定中心痕迹鉴定专家赵向欣、痕迹室主任许明良、文检高级工程师罗琼分别做了“文件制成时间检验的现状与发展”、“指纹学”、“司法鉴定中的痕迹检验”、“庭审答询技巧与实务”等方面的讲座。专家们深入浅出的讲解让大家受益匪浅。

由浙江汉博司法鉴定中心主持的文书疑难案例讨论是本次培训会的一大亮点。针对这个案例，大家积极互动，畅所欲言，现场气氛热烈。随后大家纷纷

胡祖平主任在会上发表讲话

建议以后要多组织专家对疑难案例进行探讨，通过交流探讨，加强各鉴定机构的交流学习与相互提高，从而促进司法鉴定事业更好、更快地发展。

浙江汉博司法鉴定中心文检室主任薛建国高级工程师做了由本中心起草的“文书鉴定实验室配置和操作规范”的专题讲解，随后就此规范与全省司法鉴定人进行了热烈讨论，大家积极发言，各抒己见，最后形成此《规范》的定稿。

本次培训会议得到了省司法厅、市司法局领导的认可，对有效提高我省文书、痕迹司法鉴定人专业技能和执业水平，推动文书、痕迹司法鉴定工作的进步和发展起到了积极作用。

2013年文书、痕迹司法鉴定人继续教育培训班会场

13. 公安部重点实验室文件形成时间检验样本数据库建设标准研讨会在三亚市召开

2014年1月17日至20日，公安部重点实验室文件形成时间检验样本数据库建设标准研讨会在三亚市召开。出席本次研讨会的有中国刑事警察学院院长王世全、公安部物证鉴定中心文检室主任郝红光、中国刑事警察学院文件检验技术系主任王相臣、文件检验鉴定公安部重点实验室副主任李彪、福建省公安厅刑警总队文检室主任林祥、东莞市公安局樟木头分局副局长邓斌、中国刑事警察学院文件检验技术系讲师于彬（文件检验鉴定公安部重点实验室成员之一）等。浙江汉博司法鉴定中心主任胡祖平作为文件检验鉴定公安部重点实验室文件形成时间研究中心南方基地主任也参加了本次研讨会。

本次会议围绕“文件制成时间检验样本数据库的建设标准”展开讨论，与会人员就样本的“纸张种类选择”、“色料种类选择”、“保存环境与方法”等方面纷纷发表了自己的看法。王世全院长对样本制作间隔时间、样本的保存环境等方面提出了严格要求。

最后，经过大家的探讨，制定出了一套科学规范的样本数据库建设标准。

研讨会讨论现场

文件制成时间检验是当今法庭科学领域急需解决的一项世界性难题，国内外许多专家、学者均致力于此项研究并取得了一定的研究成果。样本库是进行文件形成时间检验的基础和根本，缺乏相应的符合条件的样本，就无法使各种检验方法顺利实施，也无法达到检验目的。因此，建立科学完善的样本数据库显得至关重要。

本次研讨会的召开，规范了文件形成时间检验样本数据库的建设，对国内文件形成时间检验的研究具有重要的意义。

研讨会成员合影

14. 我中心主办2014年浙江省文痕、声像资料司法鉴定人继续教育培训班

2014年5月16日至18日，根据浙江省司法厅《关于做好2014年度司法鉴定继续教育培训工作的通知》的文件精神，由浙江汉博司法鉴定中心主办的2014年“浙江省文痕、声像资料司法鉴定人继续教育培训班”在杭州市湖光饭店隆重举行。

来自全省司法鉴定机构的58名文书、痕迹、声像资料鉴定人及鉴定人助理参加了此次培训。

继续教育培训班现场

本次培训班上，汉博司法鉴定中心机构负责人和文检室主任薛建国高级工程师、声像资料鉴定室主任钱钧教授、痕迹室主任许明良高级工程师、浙江迪安司法鉴定中心副主任卢伟平分别就“如何规范文书格式”、“声像资料的司法鉴定技术研究”、“文痕司法鉴定案例浅析”、“文书司法鉴定典型案例讨论”与“现代科技与痕迹检验鉴定新技术”等方面做了专题讲座。学员们认真学习记录，积极互动。

为贯彻落实《关于开展司法鉴定规范执业专项检查活动的通知》的文件精神，进一步规范文件检验鉴定书的制作，5月16日晚，在浙江省司法厅司法鉴定管理处金素红科长主持下，由省内7家鉴定机构派鉴定人代表组成评议组，

汉博司法鉴定中心文检室主任薛建国任评议组组长，举行了文书评议活动。本次活动对全省8家司法鉴定机构的16份司法鉴定文书进行盲化评审，根据省厅的评分标准，专家对每份鉴定书进行打分，公布了评议结果，对鉴定书中出现的问题进行总结。会上专家点评意见非常客观，气氛和谐。通过此次鉴定文书评议活动，加强了各鉴定机构之间的交流学习，增强文书写作规范化意识。大家纷纷表示回去后要组织认真学习，看到差距，并把评议出来的意见和建议贯彻到具体实际工作中。

此次继续教育培训达到了预期效果，取得圆满成功。

薛建国高级工程师讲解“如何规范文书格式”

培训班全体人员合影留念

15. 浙江省司法鉴定协会惩戒与维权工作委员会第一次会议在我中心召开

2014年10月15日下午，浙江省司法鉴定协会惩戒与维权工作委员会第一次会议在浙江汉博司法鉴定中心召开。

会上，许卫平主任通报了浙江省司法鉴定协会惩戒与维权工作委员会组成成员名单，明确了惩戒与维权委员会的工作职责、《浙江省司法鉴定违规行为惩戒办法（试行）》相关条款的应用、司法鉴定投诉案件的办理流程，全体成员就全省司法鉴定违规行为情况调研方向、调研内容、调研所需时间及调研方法、成员分配、成员工作范围及职责、如何遏制“黄牛”生存空间、重大事项报告制度的后续问题、下一步亟待解决的工作任务等方面展开了讨论。

会议期间，成员和与会代表就以上问题进行了深入的探讨和交流，初步达成了共识，基本确定了本专业委员会今后的工作计划及工作思路。

会议现场

16. 浙江省司法鉴定协会文书、痕迹、声像资料鉴定专业委员会第一次会议在我中心召开

2014年10月21日，浙江省司法鉴定协会文书、痕迹、声像资料鉴定专业委员会第一次会议在浙江汉博司法鉴定中心召开，由本专业委员会主任委员、浙江汉博司法鉴定中心机构负责人薛建国主任主持。会议通报了省司法鉴定协会文书、痕迹、声像资料鉴定专业委员会筹备情况、人员名单、《浙江省司法鉴定协会文书、痕迹、声像资料专业委员会管理（暂行）办法》、下半年度工作安排和2015年的工作计划，明确了委员会的工作职责，及主任委员、三位副主任委员和其他委员的工作分工。

会议重点对《文书司法鉴定意见书》的格式及规范进行了探讨，与会人员积极发言，各抒己见，最后基本上达成了共识。会上，各委员就今后如何开展全省文书、痕迹、声像资料鉴定疑难案例探讨，创建鉴定工作信息交流平台，建设专家委员会及如何充分发挥专家委员会对司法鉴定的作用等提出意见和建议。

商议《浙江省司法鉴定协会文书、痕迹、声像资料专业委员会管理（暂行）办法》的具体条例

17. 我中心与浙江省各大保险公司座谈会在杭州举行

为提高司法鉴定质量和保险行业理赔服务水平，做好涉及保险理赔司法鉴定工作，浙江汉博司法鉴定中心于2014年12月30日组织举办了“伤残重新鉴定存在的问题和对策座谈会”。来自浙江省各大保险公司理赔代表、鉴定机构代表、律师事务所代表共20多人参加了本次会议。中心首席顾问胡祖平院长、薛建国主任、梁锋副主任等人参加了会议。

座谈会会场

座谈会上，中心法医临床鉴定专家陈国庆以图文并茂的形式讲解了当前法医伤残重新鉴定存在的一些问题。通过对“鉴定时机把握不当”、“影像学资料阅读错误或能力欠佳”、“对标准条款理解和适用错误”等方面的讲解，详细分析重新鉴定后鉴定结论改变的主要原因。与会代表就伤残等级复评审、鉴定时的保险公司到场人员问题等方面进行了热烈的探讨。

针对当前法医伤残重新鉴定存在的问题，胡院长总结了以下几点相应的对策。一是初次鉴定的重要性。严格执行相关鉴定标准，规范操作规程，做好伤者的首次鉴定。二是鉴定人员专业技术的重要性，鉴定人要不断学习和更新业务知识，提高自身的技术水平。三是协调沟通能力的重要性，鉴定机构应当加强与保险公司、法院、委托单位及当事人的交流。四是针对疑难案件可采用专家会诊或听证会的形式来解决。

本次座谈会加强了司法鉴定机构与保险机构的交流和沟通，增进了彼此的相互了解，有助于司法鉴定工作的顺利开展，对维护社会和谐与稳定起到了积极的作用。

18. 浙江汉博司法鉴定中心顺利通过资质认证现场评审

2014年3月28日至30日，由浙江省质量技术监督局指派，以浙江省水泥质量检测站金沪杭主任评审员为组长，以浙江省资深的文件检验专家、痕迹检验专家、法医专家组成的评审小组对浙江汉博司法鉴定中心的文书鉴定、痕迹鉴定、法医临床鉴定的资质认证复评审进行了为期3天的现场评审。

评审小组依据《司法鉴定机构资质认定评审准则》等相关文件，通过听取汇报、现场参观、现场实验、查阅质量管理体系文件、抽查鉴定意见书档案和能力验证记录、现场提问等方式，对中心的文书、痕迹、法医临床的鉴定技术能力和实验室参加的能力验证活动予以现场评审。

本中心顺利通过资质认证评审

在3天的现场评审工作中，专家评审组委员作风严谨、办事细致公正。经讨论，专家评审组一致认为，本中心的文书鉴定、痕迹鉴定、法医临床鉴定以及实验室参加的能力验证活动都满足《司法鉴定机构资质认定评审准则》等相关文件的要求，各项均为满意通过。对于中心推荐的6名授权签字人，通过现场测试、现场提问等方式进行了考核。最后对中心鉴定材料唯一性标识、内部审核、环境设施等方面提出了进一步改进和完善的意见。

这次资质认证复评审工作的项目多、任务重，是中心大规模评审活动之一，得到了中心领导高度重视。在中心领导的亲自组织下，各职能部门密切配合，通力协作，加上前期迎评工作准备充分，使得评审工作顺利进行，保障了认证结果的准确性、高效性。

此次评审工作，也使得中心存在的一些问题暴露无遗。今年，中心领导把工作重点转移到了质量控制和风险防范上，在鉴定业务稳步增长的情况下，重点抓鉴定质量，并把2014年度定为质量年。为实现高品质、高效率的鉴定服务，将有效投诉率控制在3‰左右的目标，中心领导采取了一系列新的措施，从受理接待到最后档案的整理归档，各个环节，层层把关，责任到人，务必实现质量的最大化和风险的最小化。

在今后的工作中，浙江汉博司法鉴定中心将继续按照《司法鉴定机构资质认定评审准则》等相关文件的要求，进一步加强质量管理工作，提升中心的技术能力和鉴定质量，充分发挥司法鉴定机构维护社会公平正义的积极作用。

金沪杭主任参观本中心接待受理室

19. 浙江汉博司法鉴定所迎来首批中国刑事警察学院文件检验专业实习生

2013年7月8日，浙江省最具规模的司法鉴定机构——浙江汉博司法鉴定所迎来了中国刑事警察学院的7名文件检验专业的学生。据悉，这是继2012年8月浙江汉博司法鉴定所与中国刑事警察学院联合共建“文件检验鉴定公安部重点实验室文件形成时间研究中心南方基地”，及“中国刑事警察学院教学科研实践基地”后迎来的第一批实习生，也是中国刑事警察学院与民间司法鉴定机构的首次合作。

7月9日上午，欢迎大会在浙江汉博司法鉴定所会议室召开，所长胡祖平、副所长梁锋及我所文检室专家许明良老师、薛建国老师，与沙江伦、沈健、李楠、武迪、邸昊、李博文等来自山东、吉林、内蒙古、黑龙江等全国各地的中国刑事警察学院2010级文件检验专业的本科生，及中国刑事警察学院院长王世全老师的研究生张晓欣共同出席了会议。

会上，胡祖平所长首先对中国刑事警察学院首批实习生的到来表示热烈的欢迎和诚挚的慰问，他希望各位学员今后能够带着责任工作、带着问题学习。随后，办公室副主任向实习生宣读了实习期间《实习生管理制度》、《安全管理制度》、《保密管理制度》等各项制度及实习日程安排。作为昔日工作在上海市公安局刑警总队（803）的文检专家、科技领军人物薛建国主任对正在成长的中国新一代文检人才寄予厚望，他表示，实习生的到来给了民间司法鉴定机构一个发展的契机，汉博所的各位前辈非常愿意在带领各位学员实习的过程中传道、授业、解惑。

在今后的两个月中，首批实习生将在汉博所的接待受理、鉴定过程、鉴定书的制作、案卷的发送、案卷的存档等各岗位轮流学习。期待他们能够为自己的实习生涯交上一份满意的答卷！

座谈会上相互交流

实习生与中心领导合影

20. 又到实习季

2014年7月，中心迎来了中国刑事警察学院、西南政法大学的实习生。

实习生与中心领导合影

7月7日下午，中心为实习生举行的欢迎会

中国刑事警察学院2011级文件检验专业本科生和西南政法大学研究生实习生

实习生在专家一对一指导下认真学习

实习生细致工作的场景

21. 警院新"同事"如期而至

2015年7月20日下午，浙江汉博司法鉴定中心机构负责人薛建国、副主任梁锋及专家代表与来自中国刑事警察学院的三位实习生进行了座谈交流。梁锋副主任首先对实习生的日常生活表示关切，并就实际期间的工作学习做了详细的日程安排。

座谈期间，薛建国老师毫无保留地将自身多年在文检工作中积累的经验授予学生们，鼓励大家在工作中要保持积极探索、勇于求真的学习态度，及时做好相关鉴定知识要点的梳理，并着重强调了理论与实践相结合的重要性。学生们也表示在短短的一周内，通过各位专家老师的悉心教导，对文检鉴定工作的认识有了新的提高，并由实习生代表对自己为期一周的学习生活做了简要的总结回顾。

合影

座谈会现场

学习文检仪的操作

掌握知识要点

研究比对表

22. 为提升青年才俊实践能力贡献智慧

2015年5月25日上午，浙江省汉博鉴定科学技术研究院名誉院长、浙江汉博司法鉴定中心首席顾问胡祖平应邀为中国刑事警察学院文件检验专业证书班学员开设以“非正常笔迹的检验”为题的专题讲座。

胡祖平院长的讲座包括三部分：（1）对非正常笔迹类别及特征的归纳与介绍，（2）鉴定中需注意的各种事项的罗列与应对措施，（3）结合真实案例的剖析与讲解。讲座内容具有很强的理论指导性和可操作性。台下学员聚精会神，勤做笔记，与胡院长积极互动，课堂氛围尤为融洽。

当日下午，胡院长为中国刑警学院文检专业二年级学生中成绩表现突出者颁发汉博奖学金，以表示鼓励与肯定。胡院长表示，此类奖学金的设立亦是汉博中心企业文化建设的一部分，目的是增强青年才俊的司法鉴定实践能力。该举措充分体现中心积极服务社会的责任与担当，以及浓浓的人文情怀，有助于中心沿着促进社会公益事业发展的轨道前行，为推进社会司法行政队伍正规化、专业化、职业化建设做出积极贡献。

胡院长为优秀学生颁奖

胡院长与学生交流心得体会

23. 胡祖平院长受邀参加公安部重点实验室第二届学术委员会第三次会议

2015年5月26日至27日，由文件检验鉴定公安部重点实验室主持召开的“公安部重点实验室第二届学术委员会第三次会议暨公安部科技强警基础工作专项项目结题评审会”在中国刑警学院举行。中国科学院院士、中国科学院化学研究所研究员、重点实验室学术委员会主任委员赵进才出席主持此次会议。浙江省汉博鉴定科学技术研究院名誉院长、浙江汉博司法鉴定中心首席顾问、文件检验鉴定公安部重点实验室学术委员会委员胡祖平应邀参加此次会议。

此次会议分为三个阶段进行。首先由公安部重点实验室常务副主任李彪回顾总结2014年度工作及开放课题设置情况，并对2015年研究课题提出新计划；随后，王相臣主任就重点实验室2015年工作计划及上半年执行情况作了汇报，并针对“十三・五”期间重点实验室建设与发展提出初步设想；最后由学术委员会对实验室下一步发展提出意见与建议。会上，赵进才院士表示，我国正从经济大国走向经济强国，而实现这一目标需要强有力的科学技术做战略支撑。要做到基础科研与新技术推广两手抓，积极实施人才战略，加快人才引进，加强创新意识和创新能力的培养，在现有队伍中培养领军人物，打造高水平科研队伍。

此次会议的成功举行，将有力推进公安部重点实验室各项工作与科研项目的实施，更好地为政法机关文件检验领域的办案提供技术支撑。

会议期间，胡祖平院长以公安部科技强警基础工作专项项目验收评审会专家组成员身份参加了评审，亦为浙江全省司法鉴定行业出席此次验收评审会的唯一专家代表。

公安部重点实验室第二届学术委员会第三次会议现场

公安部科技强警基础工作专项项目验收评审会现场

第三章

成　长

第一节 科研领先

1. 我所成为杭州市首家、浙江省内第二家同时获得文书鉴定、痕迹鉴定、法医临床鉴定三类鉴定项目资质认定的司法鉴定机构

资质认定是指国家和省级质量技术监督部门对实验室和检查机构的基本条件和能力是否符合法律、行政法规以及相关技术规范或者标准实施的评价和承认活动。资质认定包括实验室资质认定（即计量认证）和检查机构资质认定（即审查认可），是国际先进管理制度在我国的实施。

2011年5月13日，浙江汉博司法鉴定所率先取得了“资质认定计量认证证书”，是国家授权浙江省质量技术监督部门的资质认定及认证认可，成为杭州市首家、浙江省内第二家同时获得文书鉴定、痕迹鉴定、法医临床鉴定三类鉴定项目资质认定的司法鉴定机构。目前，我中心认证认可工作正在申报中，争取为司法鉴定行业添砖加瓦。

资质认定
计量认证证书
证书编号：2014111402Z
名称：浙江汉博司法鉴定中心
地址：杭州市杭大路9号聚龙大厦东五楼
经审查，你机构已具备国家有关法律、行政法规规定的基本条件和能力，现予批准，可以向社会出具具有证明作用的数据和结果，特发此证。
检测能力见证书附表。
准许使用徽标
CMA
发证日期：
有效期至：
发证机关：
本证书由国家认证认可监督管理委员会制定，在中华人民共和国境内有效

2. 我中心历年能力验证成果情况（节选）

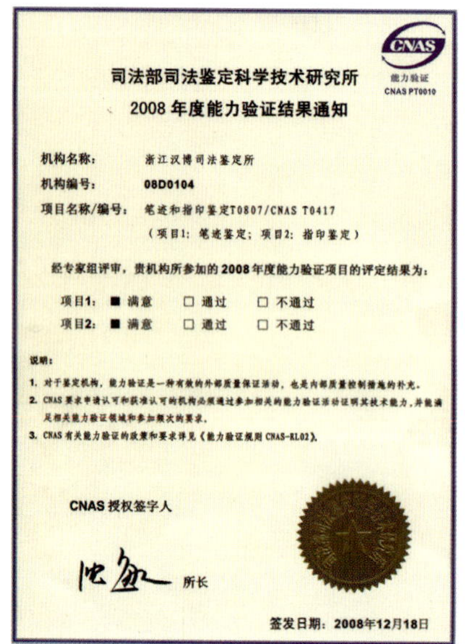

CNAS
能力验证
CNAS PT0010

司法部司法鉴定科学技术研究所
2008年度能力验证结果通知

机构名称：浙江汉博司法鉴定所
机构编号：08D0104
项目名称/编号：笔迹和指印鉴定T0807/CNAS T0417
（项目1：笔迹鉴定；项目2：指印鉴定）

经专家组评审，贵机构所参加的2008年度能力验证项目的评定结果为：

项目1：■ 满意 □ 通过 □ 不通过
项目2：■ 满意 □ 通过 □ 不通过

说明：
1. 对于鉴定机构，能力验证是一种有效的外部质量保证活动，也是内部质量控制措施的补充。
2. CNAS要求申请认可和获准认可的机构必须通过参加相关的能力验证活动证明其技术能力，并能满足相关能力验证领域和参加频次的要求。
3. CNAS有关能力验证的政策和要求详见《能力验证规则CNAS-RL02》。

CNAS授权签字人
所长

签发日期：2008年12月18日

2008年笔迹和指印鉴定能力验证被评为满意

CNAS
能力验证
CNAS PT0010

司法部司法鉴定科学技术研究所
2009年度能力验证结果通知

机构名称：浙江汉博司法鉴定所
机构编号：09D0068
项目名称/编号：笔迹鉴定/CNAS T0451

经专家组评审，贵机构所参加的2009年度能力验证项目的评定结果为：

■ 满意 □ 通过 □ 不通过

CNAS授权签字人：
所长

签发日期：2009年12月25日

2009年笔迹鉴定能力验证评定结果被评为满意

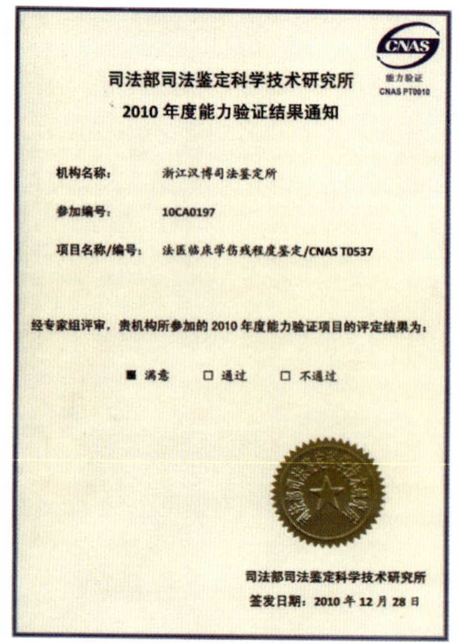

CNAS
能力验证
CNAS PT0010

司法部司法鉴定科学技术研究所
2010年度能力验证结果通知

机构名称：浙江汉博司法鉴定所
参加编号：10CA0197
项目名称/编号：法医临床学伤残程度鉴定/CNAS T0537

经专家组评审，贵机构所参加的2010年度能力验证项目的评定结果为：

■ 满意 □ 通过 □ 不通过

司法部司法鉴定科学技术研究所
签发日期：2010年12月28日

2010年法医临床伤残程度鉴定能力验证被评为满意

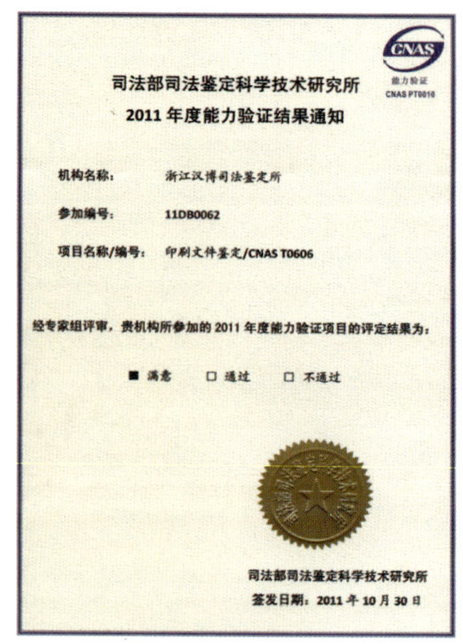

CNAS
能力验证
CNAS PT0010

司法部司法鉴定科学技术研究所
2011年度能力验证结果通知

机构名称：浙江汉博司法鉴定所
参加编号：11DB0062
项目名称/编号：印刷文件鉴定/CNAS T0606

经专家组评审，贵机构所参加的2011年度能力验证项目的评定结果为：

■ 满意 □ 通过 □ 不通过

司法部司法鉴定科学技术研究所
签发日期：2011年10月30日

2011年印刷文件鉴定能力验证被评为满意

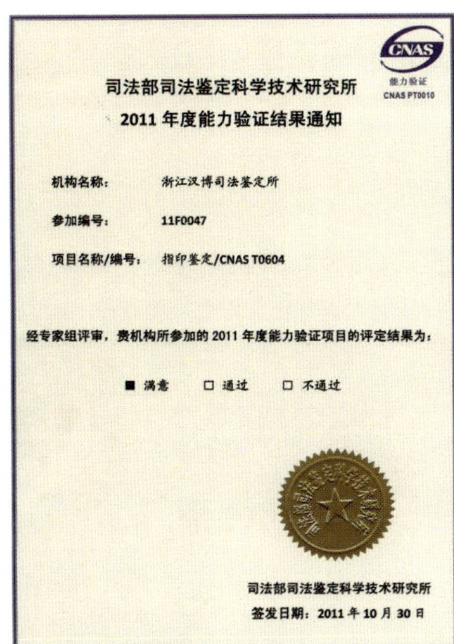

CNAS
能力验证
CNAS PT0010

司法部司法鉴定科学技术研究所
2011 年度能力验证结果通知

机构名称： 浙江汉博司法鉴定所

参加编号： 11F0047

项目名称/编号： 指印鉴定/CNAS T0604

经专家组评审，贵机构所参加的 2011 年度能力验证项目的评定结果为：

■ 满意 □ 通过 □ 不通过

司法部司法鉴定科学技术研究所
签发日期：2011 年 10 月 30 日

2011年指印鉴定能力验证被评为满意

CNAS
能力验证
CNAS PT0010

司法部司法鉴定科学技术研究所
2012 年度能力验证结果通知

机构名称： 浙江汉博司法鉴定所

参加编号： 12DA0071

项目名称/编号： 印章印文鉴定/2012-T15

经专家组评审，贵机构所参加的 2012 年度能力验证项目的评定结果为：

■ 满意 □ 通过 □ 不通过

司法部司法鉴定科学技术研究所
签发日期：2012 年 11 月 1 日

2012年印章印文鉴定能力验证被评为满意

CNAS
能力验证
CNAS PT0010

司法部司法鉴定科学技术研究所
2013 年度能力验证结果通知

机构名称： 浙江汉博司法鉴定所

参加编号： 13DA0022

项目名称/编号： 笔迹鉴定/CNAS T0735

经专家组评审，贵机构所参加的 2013 年度能力验证项目的评定结果为：

■满意 □通过 □不通过

司法部司法鉴定科学技术研究所
签发日期：2013 年 11 月 1 日

2013年笔迹鉴定能力验证被评为满意

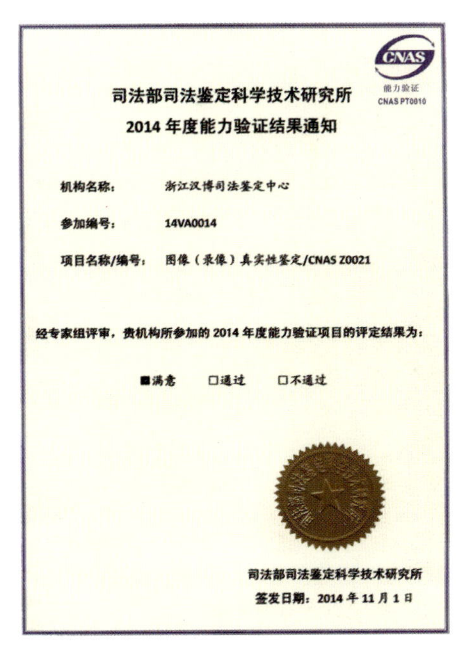

CNAS
能力验证
CNAS PT0010

司法部司法鉴定科学技术研究所
2014 年度能力验证结果通知

机构名称： 浙江汉博司法鉴定中心

参加编号： 14VA0014

项目名称/编号： 图像（录像）真实性鉴定/CNAS Z0021

经专家组评审，贵机构所参加的 2014 年度能力验证项目的评定结果为：

■满意 □通过 □不通过

司法部司法鉴定科学技术研究所
签发日期：2014 年 11 月 1 日

2014年图像（录像）真实性鉴定能力验证被评为满意

3. 胡祖平主任参加第二届文检新技术推广与典型案例交流会

由中国刑事警察学院文件检验技术系和文件检验鉴定公安部重点实验室联合主办，宁夏回族自治区公安厅协办的第二届文检新技术推广与典型案例交流会，于2011年8月8日至15日在宁夏回族自治区银川市召开。来自全国各地的公安、检察、法院、政法院校、国家安全系统等单位和部门共计150余名代表参加了会议。

此次交流会围绕新形势，针对文件检验实践中的热点、难点问题以及奋战在各条战线上的文检同仁亲身经历的典型案例进行了全面的交流探讨。胡祖平主任还就我所文检工作的发展和与会代表进行了深入讨论，听取了代表们的宝贵建议和意见，这将为推动我所文检工作的可持续发展起到非常积极重要的作用。

这次会议还召开了我所著名文检专家、中国刑事警察学院陈明春教授文检从业55周年的座谈会。代表们对陈教授50多年来在文检领域取得的成就以及为我国文检事业的发展所做出的突出贡献表示祝贺。

4. 薛建国、魏显峰应邀参加第八届全国文件检验学术交流会

由公安部物证鉴定中心主办、广西壮族自治区公安厅协办的第八届全国文件检验学术交流会于2012年11月21日至25日在南宁市召开。浙江汉博司法鉴定所文检室主任、文件检验高级工程师薛建国和文检助理魏显峰应邀参加了此次会议。

本次大会出版论文集一部，收录论文188篇。这些论文是全国30多个省、市、自治区的公、检、法、司、海关等系统和政法院校文件检验工作者的智慧结晶，反映了文件检验理论和实践的最新成果。

我所薛建国主任和文检助理魏显峰撰写的《五十年前毛笔书写的“凭证”检验一例》、《笔痕特征在添改变造文件检验中的应用》2篇专业技术论文被会议录用。

薛建国主任、文检助理魏显峰在会上合影

5. 胡祖平主任应邀参加司法部司法鉴定管理局调研座谈会

2013年6月5日下午，司法部司法鉴定管理局霍宪丹局长莅临杭州市，对我省司法鉴定工作进行调研。本次调研的座谈会在杭州迪安医学检验中心司法鉴定所召开。浙江汉博司法鉴定所主任胡祖平应邀参加了会议。

本次调研集中研讨了浙江省高资质和高水平鉴定机构建设、鉴定机构转型升级做大做强、鉴定机构加强规范化管理和鉴定人规范化执业、贯彻刑法诉讼法和加强鉴定人出庭作证工作，以及司法鉴定工作保障司法公正和执法公正五方面内容，杭州市司法鉴定机构的代表做了相关工作汇报。

作为汉博司法鉴定所的负责人，胡祖平主任就我所的基本情况、业务范围、鉴定专家团队、硬件与软件建设、受理案件及鉴定人出庭情况、管理服务团队与制度建设、科研成果、宣传及交流、发展目标等向霍宪丹局长等领导进行了汇报。霍局长对我所在司法鉴定行业所取得的成就予以充分肯定，并期望汉博能继续将鉴定机构做大做强，成为中国司法鉴定行业的领头羊，为中国司法鉴定事业走向世界贡献力量。

胡祖平主任在会上进行汇报

6. 首届文件检验国际学术研讨会暨第三届全国文件检验新技术培训在中国刑事警察学院召开，胡祖平主任应邀主持国际学术研讨会

国际学术研讨会会场

2013年9月23日至27日，为期5天的首届文件检验国际学术研讨会暨第三届全国文件检验新技术培训（典型案例交流）在中国刑事警察学院召开。浙江汉博司法鉴定中心主任胡祖平、高级工程师薛建国、文检助理魏显峰应邀参加了此次研讨会。此次研讨会是由公安部科技信息化局、中国刑事警察学院联合主办，文件检验鉴定公安部重点实验室承办，中国刑事警察学院文件检验技术系、中国刑科协文检专业委员会协办的。会议邀请了美国特勤局、德国联邦警察局、韩国搜查科学研修院等国外10余位专家，以及国内公、检、法、司等系统共200余位专家学者参加。

会上，美国、德国、韩国等国外专家及国内专家学者纷纷登台主讲，就"顶空气相色谱法判定文件形成时间"、"德国笔迹自动识别技术（FISH系统）的最新进展"、"文书鉴定的自动化及客观化"、"原子力显微镜在文件检验中的应用"、"最新光电技术在文检工作中的应用"、"利用生物技术分析纸张相对形成时间"、"测量字迹笔画电阻判断朱墨时序的新方法"、"碳素中性笔字迹形成时间的检验方法研究"、"中英文笔迹鉴定的比较研究"、"喷墨打印文件同机识别研究"、"Fisher判别法在文件检验中的应用"、"现代常见新型印刷方法分析与鉴别"、"汉字笔顺特征的量化研究"、"人为老化文件检验"等问题进行了深入交流和探讨。

浙江汉博司法鉴定中心主任胡祖平作为文件检验鉴定公安部重点实验室学术委员会委员，受大会邀请负责主持24日下午由德国萨克森州刑侦局技术处科

长库哈特博士主讲的国际学术交流会，会议主题为“德国鉴定人的培训制度及鉴定资格的获得”。

本次大会还出版了论文集《文检学理论与实践精编》一部，共征集论文221篇，录用了173篇。我中心薛建国、魏显峰所撰写的论文《蓝色签字笔书写时间的研究》、《浅谈系统检验法检验疑似换页文件》均被录用。这些论文是全国30多个省、市、自治区的公、检、法、司、海关等系统和公安政法院校文件检验工作者智慧的结晶。论文涉及文件检验学的各个分支学科，反映了文件检验理论和实践的最新成果。

此次研讨会促进了国内外专家学者在该领域的广泛交流合作，对推进全国乃至全世界文件检验工作的发展大有裨益。同时也开阔了个人眼界，丰富了与会人员的文件检验理论与实践知识，提升了他们的文件检验鉴定水平，更提高了汉博司法鉴定中心在司法鉴定领域的知名度。

胡祖平主任主持24日下午的国际学术交流会

胡祖平主任一行与国内外专家合影

7. 公安部重点实验室文件形成时间检验样本数据库建设标准研讨会在三亚市召开，胡祖平主任受邀参加会议

2014年1月17日至20日，公安部重点实验室文件形成时间检验样本数据库建设标准研讨会在三亚市召开。出席本次研讨会的有中国刑事警察学院院长王世全、公安部物证鉴定中心文检室主任郝红光、中国刑事警察学院文件检验技术系主任王相臣、文件检验鉴定公安部重点实验室副主任李彪、福建省公安厅刑警总队文检室主任林祥、东莞市公安局樟木头分局副局长邓斌、中国刑事警察学院文件检验技术系讲师于彬（文件检验鉴定公安部重点实验室成员之一）等人。浙江汉博司法鉴定中心主任胡祖平作为文件检验鉴定公安部重点实验室文件形成时间研究中心南方基地主任也参加了本次研讨会。

本次会议围绕“文件制成时间检验样本数据库的建设标准”展开讨论。与会人员就样本“纸张种类选择”、“色料种类选择”、“保存环境与方法”等方面纷纷发表了自己的看法。王世全院长对样本制作间隔时间、样本的保存环境等方面提出了严格要求。

研讨会现场

最后，经过大家的探讨，制定出了一套科学规范的样本数据库建设标准。

文件制成时间检验是当今法庭科学领域急需解决的一项世界性难题，国内外许多专家、学者均致力于此项研究并取得了一定的研究成果。样本库是进行文件形成时间检验的基础和根本，缺乏相应的符合条件的样本，就会使各种检验方法无法得以实施，也无法达到检验目的。因此，建立科学完善的样本数据库显得至关重要。

本次研讨会的召开，规范了文件形成时间检验样本数据库的建设。对文件形成时间检验的研究具有重要的意义。

8. 胡祖平院长应邀在中国刑事警察学院举办文检专题学术讲座

2014年10月30日，浙江省汉博鉴定科学技术研究院名誉院长、浙江汉博司法鉴定中心首席顾问胡祖平应邀在中国刑事警察学院举办题为“我国司法鉴定的沿革、机遇与挑战”的文检专题学术讲座。来自全国各地公安、检察等系统的文件检验专业培训学员60余人参加了讲座。

本次讲座胡院长以图文并茂的形式为在座的学员讲解了司法鉴定的范围、发展阶段、机遇与挑战、风险防范等方面的内容。胡院长以其丰富的文检实践经验，结合大量的典型案例，使讲座变得浅显易懂，在座学员听得津津有味。胡院长认为，随着我国法律制度越来越完善，司法鉴定在诉讼中的地位日渐凸显，迎来了重要的发展机遇，同时也面临着新的挑战。我们一定要满腔热忱地勤奋工作，攻坚克难，解放思想，不断地大胆创新，顺应历史潮流，适应发展的要求，为祖国的司法鉴定事业和人类的文明进步做出自己应有的贡献。

讲座结束后，胡院长与学员进行了深入交流，学员纷纷感言本次讲座受益良多，更加深刻理解了司法鉴定工作的重要性、科学性和严谨性。

胡祖平院长授课现场

9. 胡祖平教授应邀为浙江警察学院学员授课

2014年11月2日下午，浙江省汉博鉴定科学技术研究院名誉院长、浙江汉博司法鉴定中心首席顾问胡祖平教授应邀为浙江警察学院刑事科学技术专业学员做题为“非正常笔迹的检验”的专题讲座。

非正常笔迹在笔迹鉴定工作中往往难以把握，通过这次细致的演讲分析，同学们对此有了进一步的认识。课堂上，胡教授与同学们积极交流、互动，课堂气氛热烈融洽，通过真实案例向同学们讲解了摹仿笔迹、伪装笔迹、条件变化笔迹的检验要点。

胡祖平教授现为浙江汉博司法鉴定中心首席顾问、浙江省汉博鉴定科学技术研究院名誉院长、中国刑事科学技术协会文件检验专业委员会委员、文件检验鉴定公安部重点实验室学术委员会委员，同时也是中国刑事警察学院、西南政法大学客座教授。胡教授认为，年轻人是司法鉴定的后备军，是司法鉴定事业发展的动力，所以他经常利用自己的业余时间与鉴定专业的学生交流。胡祖平教授在司法鉴定领域甘为人梯、提携后人，为司法鉴定事业的发展做出了应有的贡献。

胡祖平院长授课现场（一）

胡祖平院长授课现场（二）

10. 第七届全国文检学理论与实践研讨会暨文件形成时间专题研讨会在东莞市召开，胡祖平院长应邀做专题报告

2014年11月12日至14日，第七届全国文检学理论与实践研讨会暨文件形成时间专题研讨会在广东省东莞市召开。本次研讨会由中国刑事警察学院主办。来自全国公、检、法、司等系统的共200多位专家学者参加了会议。浙江省汉博鉴定科学技术研究院名誉院长、浙江汉博司法鉴定中心首席顾问胡祖平，以及中心机构负责人、文检室主任薛建国应邀参加了本次研讨会。

第七届全国文检学理论与实践研讨会暨文件形成时间专题研讨会会场

会议围绕“文件制成时间检验”这一主题进行探讨交流。会上，多位公、检、法、司、政法院校等系统和单位的专家学者代表分别就“文件制成时间检验方法评价”、“笔迹的个人化特性”、“笔迹（签名）量化检验鉴定模型方法的研究与完善”、“色谱法在字迹形成时间检验中的应用”、“书写时间鉴定的困境与突破”、“新型超快速拉曼成像光谱仪先进技术及在文检中应用介绍”等主题进行了系统的讲解，同与会代表进行了深入探讨。在案例交流环节，会议就“一起吸毒人员签名笔迹案件的检验”、“利用图像处理技术鉴定

协议书的真伪”等内容进行了交流。与会代表们积极发言，畅所欲言，分享了各自在司法实践工作中的经验。

会议期间，胡祖平院长应邀在大会上做了题为“庭审答辩技巧与实务”的专题报告。受大会邀请，胡祖平院长与薛建国主任共同主持了13日上午的会议。

本次大会出版论文集《国际文件检验理论与实践前沿问题研究》一部，共征集论文207篇，录用172篇。中心首席顾问胡祖平院长、薛建国主任及魏显峰所撰写的论文《庭审答询技巧与实务》、《关于我国司法鉴定人出庭作证制度的思考》均被录用。这些论文是全国各个省、市、自治区的公、检、法、司、海关等系统和公安政法院校文件检验工作者智慧的结晶。论文涉及文件检验学的各个分支学科，反映了文件检验理论和实践的最新成果。

本次会议促进了我国专家学者在该领域的广泛交流，有利于文件检验技术的提升，进一步促进了我国文件检验事业的健康发展。

胡祖平院长主讲“庭审答辩技巧与实务”

11. 浙江省汉博鉴定科学技术研究院胡祖平院长赴安徽省公安厅授课

2014年12月9日，浙江省汉博鉴定科学技术研究院名誉院长、浙江汉博司法鉴定中心首席顾问胡祖平赴安徽省合肥市，应邀为安徽省公安厅举办的全省文件检验技术培训班授课，本次授课胡院长讲解的文检专题有“庭审答询技巧与实务”和“我国司法鉴定的沿革、机遇和挑战”。

胡祖平院长授课现场（一）

胡祖平院长授课现场（二）

12. 胡祖平院长应邀为浙江金道律师事务所授课

2015年1月28日下午，浙江省汉博司法鉴定科学技术研究院名誉院长、浙江汉博司法鉴定中心首席顾问胡祖平应邀为浙江金道律师事务所做关于司法鉴定业务知识的讲座。

胡院长做了“鉴定意见质证策略与技巧”、“我国司法鉴定的沿革、机遇和挑战”的专题讲座。在授课过程中，胡院长就当前鉴定意见质证的现状、对鉴定意见有异议如何质证、司法鉴定的发展阶段、司法鉴定的机遇与挑战等方面分别进行了详细的讲解。同时，胡院长与听课律师就当前司法鉴定实践中遇到的难题和困惑进行了热烈的探讨，对律师代表提出的疑问给予了详细解答。

胡祖平院长授课现场（一）

胡祖平院长授课现场（二）

13. 胡祖平院长应邀为浙江五联律师事务所授课

2015年4月8日下午，浙江省汉博司法鉴定科学技术研究院名誉院长、浙江汉博司法鉴定中心首席顾问胡祖平应邀为浙江五联律师事务所授课，胡院长就“司法鉴定制度”和“鉴定意见质证”两方面的内容做了详细讲解。

在授课过程中，胡院长结合自己多年的办案经验，为五联律师事务所的律师们介绍了司法鉴定的现状、存在的问题，以及在司法鉴定委托和鉴定意见质证过程中需要注意的问题，确保最大限度维护当事人的合法权益，降低律师的执业风险。最后，胡院长对各位律师在司法实践中遇到的问题做了详细解答，为律师们授业解惑。

胡祖平院长为律师们解答疑问

授课现场

14. 我中心对文件制成时间实验样本开展实地考察调研

2015年3月11日，为推进公安部重点实验室文件制成时间研究，浙江汉博司法鉴定中心机构负责人薛建国、副主任梁锋、痕迹室主任许明良和实验室负责人魏显峰一行赴“中国制笔之乡”浙江省桐庐县分水镇，对几家规模较大的制笔厂家进行了实地考察调研。

专家们本次深入制笔厂家进行实地调研的目的，在于深入了解文件制成时间检验实验样本，分析检验方法的各种干扰因素，能有效地收集到最常用的、销售最大的文件制作材料，保障实验样本制作的代表性和典型性。通过实地考察调研，专家们了解了制笔厂家的生产标准、生产过程和产品特点，对属地的签字笔墨水、钢笔墨水和圆珠笔油墨等不同种类的品牌型号进行调研，提取一定量的原料、半成品和成品，为后续的实验研究工作提供分析依据和线索。

薛建国主任与梁锋副主任了解记录制笔相关数据

实地考察场地

自2012年8月11日“公安部重点实验室文件形成时间研究中心南方基地”落户浙江汉博司法鉴定中心，本中心及浙江省汉博司法鉴定科学技术研究院的专家们长期致力于实验研究，本次实地考察调研科学记录调研结果，严格规范样本制作、保存和使用，力求丰富和完善样本库，为推进文件制成时间研究工作添砖加瓦。

15. 我中心成功申报2015年度上海市法医学重点实验室开放课题

2014年12月，浙江汉博司法鉴定中心积极申报2015年度上海市法医学重点实验室开放课题。近日，由上海市法医学重点实验室和司法部司法鉴定科学技术研究所经形式审查、专家评审、学术委员会表决后，该课题正式立项。

本次申报课题名称为“适于中国汉族人群DNA鉴定的InDel位点甄选与验证分析”，资助经费为5万元，研究周期为2年。本课题负责人为汉博司法鉴定中心法医物证鉴定人、法医物证DNA鉴定室负责人陈芳，主要研究人员为副主任法医师余家树、法医物证鉴定人助理章红星等。

参与项目的全体人员一致表示，课题立项是一个鼓舞人心的良好开端，大家一定会进一步端正态度，认清目标，充分利用和发挥现有的科研资源，克服一切困难，保质保量地完成此项科研项目。这次项目的成功立项，促进了汉博中心其他人员科研意识的增强，使汉博中心的科研工作又上了一个新台阶，对提高司法鉴定人技术水平，提升汉博中心科研能力起到了重要的推进作用。

立项通知书

陈 芳 项目申报人：

感谢您申报 2015 年度上海市法医学重点实验室开放课题，经形式审查、专家评审、学术委员会表决，决定对您申报的项目予以资助。

项目名称： 适于中国汉族人群 DNA 鉴定的 InDel 位点甄选与验证分析

项目编号： KF1511

资助经费： 5 万元

研究周期： 2015.4.1—2017.3.31

请查收邮箱中课题任务书，按要求填写并加盖公章，一式两份连同合同书于 2015 年 3 月 16 日前寄回本实验室。

联系方式：鄱景文　何晓丹　021-52367112

上海市法医学重点实验室
司法部司法鉴定科学技术研究所
二〇一五年二月二十五日

课题立项通知书

课题编号：KF1511

上海市法医学重点实验室开放课题

计划任务书

课题名称：适于中国汉族人群 DNA 鉴定的 InDel 位点甄选与验证分析

申报单位：浙江汉博司法鉴定中心

课题起止年月：2015 年 4 月-2017 年 3 月

课题负责人：陈芳

联系电话：13958093154

E—mail：chen-fang@zju.edu.cn

上海市法医学重点实验室
（司法部司法鉴定科学技术研究所）
二〇一五 年 三 月 九 日

课题计划任务书

16. 崇尚法治，执业为民

2015年7月18日上午，浙江省汉博鉴定科学技术研究院名誉院长、浙江汉博司法鉴定中心首席顾问胡祖平受邀为由台州市司法局主办的司法鉴定人继续教育培训会开设“司法鉴定人职业道德与风险防范”的专题讲座。

胡院长为学员们阐述职业道德基本规范的重要性，并呼吁司法鉴定行业执业者应以“德”为重，秉持客观公正、尊重科学的执业态度，严格规范落实各项鉴定工作。

培训会现场（一）

胡院长还就有关司法鉴定风险防范与控制研究等内容做了系统性解析，建议鉴定人不断完善自身知识结构，增强法制观念与法律素养，尽可能地降低风险发生概率。

培训会现场（二）

17. 胡祖平院长受邀为台州市公、检、法系统学员授课

2015年7月17日，浙江省汉博鉴定科学技术研究院名誉院长、浙江汉博司法鉴定中心首席顾问胡祖平应邀为台州市公、检、法系统学员开设以“庭审答询技巧与实务”为题的专题讲座。

讲座期间，胡祖平院长首先简要阐述了鉴定人出庭质证的概念、必要性及法律依据。针对鉴定人的出庭技巧，胡院长将其整合为庭前准备、质证询问类型及答辩关键点三部分进行逐一讲解，并结合相关真实案例，向学员们系统介绍了定向式专家出庭的实用性及可行性。

鉴定意见能否作为证据被采纳，必需经过法庭质证程序后方见分晓。鉴定人出庭接受质证既能保障诉讼双方充分行使其诉讼权利、实现司法公正、确保鉴定结论有效实施，又是影响鉴定结论能否发挥证明效力、法院最终采信与否的客观前提。我们坚信，随着我国司法体制改革的不断深入推进，鉴定人出庭制度终究会得到逐步完善，从而为更好地维护法律尊严、促进司法公正的实现奠定坚实的基础。

授课现场（一）

授课现场（二）

18. 胡祖平院长应邀为浙江警察学院学员开设专题讲座

2015年5月16日上午，浙江省汉博鉴定科学技术研究院名誉院长、浙江汉博司法鉴定中心首席顾问胡祖平应邀为浙江警察学院刑事科学技术专业学员开设以“非正常笔迹的检验”为题的专题讲座。

讲座期间，胡祖平院长将非正常笔迹的检验类别主要概括为以下三类：摹仿笔迹、条件变化笔迹、故意伪装笔迹，并结合真实案例，针对各类笔迹自身特征以及鉴定工作中需注意的环节做了系统的分析与讲解。课间，学员们勇于提问，积极探讨，学习氛围极其融洽。

胡祖平院长现任中国刑事科学技术协会文件检验专业委员会委员、文件检验鉴定公安部重点实验室学术委员会委员、中国刑事警察学院和西南政法大学客座教授。胡院长表示，年轻人热情蓬勃、积极向上，如果树立正确的行业核心价值观，一定能成为司法鉴定行业中的主力军，为司法鉴定事业的发展做出巨大贡献。

授课现场（一）

授课现场（二）

授课现场（三）

19. 胡祖平院长应邀为宁波海泰律师事务所授课

2015年6月14日下午，浙江省汉博鉴定科学技术研究院名誉院长、浙江汉博司法鉴定中心首席顾问胡祖平受宁波海泰律师事务所之邀，为海泰“演武堂”系列讲座第十五讲开设 “鉴定人、专家辅助证人出庭作证与刑事辩护”的专题讲座。

讲座期间，胡祖平院长首先强调了司法鉴定的重要性，并针对新《刑事诉讼法》实施后，鉴定人如何出庭接受质证，确保鉴定意见的科学性、客观性、透明性，从而推动诉讼活动的公平进行做了系统的分析与讲解。因鉴定意见对刑事案件处理结果往往发挥着重要作用，这就要求辩护律师对其进行全面深入的分析，在鉴定人提供的鉴定意见基础上，为有效辩护寻找突破口。胡院长还就如何加强鉴定人自身能力建设，以及在与律师、专家辅助人进行辩论过程中应掌握的要点和听课律师进行了交流与探讨。

宁波海泰律师事务所是宁波地区成立最早、规模最大、营收最多的综合性律师事务所之一，也是首家入驻宁波国际金融中心的综合性大型律师事务所。其演武堂的开设旨在通过专家和律师的辩论与互动，共同提高法律职业人共同体的业务水平及实战能力，从而更好地维护法律尊严，促进司法公正的实现。

授课现场（一）

授课现场（二）

第二节　学习交流

1. 胡祖平主任随杭州市司法局考察组一行赴四川省考察司法鉴定工作

2012年10月15至16日，由杭州市司法局吴建华副局长、杭州市司法局司法鉴定管理处陶琦处长、浙江汉博司法鉴定所胡祖平主任、浙江法会司法鉴定所谢兴夫主任以及杭州迪安医学检验中心司法鉴定所徐长苗主任组成的杭州市司法局考察组一行赴四川省学习考察司法鉴定工作。

15日，考察组一行首先来到成都市司法局开展考察工作，并与各位领导进行了座谈。成都市司法局石山副局长，司法鉴定管理处王玉兰处长、何凯蒂副处长、王萍副处长等领导首先对考察组一行的到来表示了欢迎，并从成都市司法鉴定管理体制改革情况、成都市司法鉴定行业的基本情况、依法履行司法鉴定管理职能的三方面情况对成都市司法鉴定管理工作的主要做法进行了详细介绍与说明。考察组成员还就此次考查内容与成都市与会领导进行了深入沟通与交流。会后，考察组一行来到四川嘉汇司法鉴定所，对司法会计鉴定与司法资产评估业务进行了重点学习考察。

16日，考察组又前往雅安市司法局，对雅安市的司法鉴定工作进行了考察。雅安市司法局程德康局长、黄英副局长等对雅安市司法鉴定工作进行了介绍，并就雅安市司法鉴定行业的特点与考察组成员展开了深入的交流。

2. 胡祖平主任一行赴上海公安局刑警总队、司法部司法鉴定科学技术研究所考察

2013年7月2日，浙江汉博司法鉴定所胡祖平主任、梁锋副主任、文检室主任高级工程师薛建国等一行5人，赴上海市公安局刑警总队、司法部司法鉴定科学技术研究所考察交流，并受到了两所领导的热情接待。

胡主任一行首先与上海市刑警总队刑事科学研究所糜忠良主任、周怀谷博士，司法部司法鉴定科学技术研究所杨旭主任、施少培副主任、凌敬昆教授等举行了调研交流会。会上，胡主任向在座各位简要介绍了我所的主要鉴定项目、实验室建设、鉴定专家组成等，并展望了我所未来的建设与规划。同时，就CNAS国家认证的申报、管理体系及质量手册的建立等问题，胡祖平听取了两所专家的指导意见，并就各位领导对浙江汉博司法鉴定中心的倾心关注表示衷心感谢。

胡祖平主任一行参加调研交流会

随后，在糜忠良主任、周怀谷博士、杨旭主任的带领下，胡祖平主任一行先后参观了上海市刑警总队刑事科学技术研究所的国家级文件检验重点实验室、亚洲最大的DNA实验室、国家级痕迹检验重点实验室以及司法部司法鉴定所的文件检验实验室、法医物证实验室、DNA教学科研基地和DNA鉴定实验室等。

胡祖平主任希望今后能与两所进行更多的学术往来，从而推动我所司法鉴定事业的稳步发展。

胡祖平主任一行参观实验室

3. 浙江汉博司法鉴定中心胡祖平主任一行赴杭州师范大学法学院参观交流

2014年3月19日上午，浙江汉博司法鉴定中心主任胡祖平、副主任梁锋一行前往杭州师范大学法学院参观交流，受到了杭州师范大学法学院院长李安、党委书记罗思荣、副院长朱炜以及有关部门负责人的热情接待。

在李院长等人陪同下，胡主任一行参观了杭州师范大学法学院的模拟法庭、法学院图书馆、500座大会堂等，并进行了座谈交流。

胡祖平主任在李安院长陪同下参观法学院图书馆

座谈交流会

在座谈交流会上，李安院长向胡祖平主任介绍了法学院的基本情况、办学特色及突出优势。双方就学术问题进行了交流，同时希望能够加强合作交流，实现理论与实践的结合，师资力量与技术力量的联合，从而取得“双赢”的效果，对此双方就如何合作、加强交流等方面提出了建议和看法。

座谈交流会在融洽的氛围中进行。本次参观交流为汉博司法鉴定中心和杭州师范大学法学院今后的合作交流奠定了基础。

4. 我中心领导赴上海司法部司法鉴定科学技术研究所参观交流

2015年1月9日，浙江省汉博司法鉴定科学技术研究院名誉院长和浙江汉博司法鉴定中心首席顾问胡祖平、汉博中心机构负责人薛建国主任、中心副主任梁锋一行应邀赴上海司法部司法鉴定科学技术研究所参观交流。来自司法部司法鉴定科学技术研究所、上海市司法局文检专家委员会等近20位文检顶级专家共同参加了座谈交流会。

在座谈会上，梁副主任做了“目前司法鉴定工作中遇到的困惑”的专题报告。梁副主任认为，随着司法鉴定工作趋于规范化，案件量逐年增加，在具体实践中原来相对隐性的问题，现在越发凸显，给实际的司法鉴定工作带来不少困惑：一是技术层面的困惑；二是缺乏强有力的硬件设施支撑的困惑；三是司法鉴定文检人才培养和储备的困惑；四是风险控制问题的困惑；五是样本的收集要外出调查取证问题的困惑；六是档案保存的技术问题的困惑。与会代表就这些方面进行了热烈的探讨。

此次中心领导上海之行收获颇丰，既认识到本中心与上海同行的差距，又学习到了上海同行先进的司法鉴定管理理念、雷厉风行的工作作风。通过本次座谈交流，中心在资源共享等方面与上海同行达成共识。

胡祖平院长一行与上海司法部司法鉴定科学技术研究所专家合影

5. 胡祖平院长随杭州市司法局考察组赴广州、深圳两地考察

为学习借鉴同类城市公证、司法鉴定管理工作的实践经验，凝聚共识，合力推动杭州市相应工作的改革和发展，2015年4月21日至24日，由杭州市司法局副书记王刚强、人事处处长叶晓华、计财处处长高晓华、公证管理处处长施建良，以及浙江省汉博司法鉴定科学技术研究院名誉院长、浙江汉博司法鉴定中心首席顾问胡祖平，杭州市禹航公证处主任唐国林等组成的杭州市司法局考察组赴广州、深圳两地考察。

考察组一行得到了广州、深圳两地司法局的热烈欢迎，并先后参观了广州市司法局、广州市公证处、深圳市司法局、深圳市公证处、广东南天司法鉴定所、中山大学法医鉴定中心等相关单位，并与各单位领导进行了座谈交流。本次考察主要是对广州、深圳两地公证、司法鉴定工作管理情况（特别是对公证机构人事、财务管理的做法和经验）及改革发展思路，公证执业规范化、信息化做法，司法鉴定机构内部运行机制及行业管理做法，公证、司法鉴定投诉处理机制运作情况等方面进行了实地考察交流。

通过对广州、深圳两地的考察，考察组一致认为此行受益匪浅，发现了许多值得借鉴和学习的方面，找到了差距，理清了思路，对今后的发展有了更加明确的方向。浙江汉博司法鉴定中心是此行唯一的一家司法鉴定机构，通过这次考察，胡院长表示在内部信息化管理、风险防范、对外投诉处理等方面受益良多。同时，此行也促进了两省司法鉴定工作的交流，有益于推动司法鉴定事业健康发展。

广州市司法局党委书记和局长吴善积、深圳市司法局副局长徐鹏、深圳市司法局司法鉴定管理办公室副主任胡精书、深圳市律公处副处长陈加满等陪同座谈与参观。

6. 全国司法鉴定管理干部、专家培训班领导来我所考察

2013年6月6日下午，近百名来自全国各地的司法鉴定管理干部、专家培训班领导莅临浙江汉博司法鉴定所，对我所进行全方位考察。

胡祖平主任首先为来访人员介绍了汉博所的基本情况：投资金额达5000万元的浙江汉博司法鉴定所总办公面积近2000平方米，斥资近千万引进国际一流的仪器设备，目前已有从事文检、痕迹检验、法医物证等方面的专家共12人，是省内最具规模的司法鉴定机构。在胡祖平主任和梁锋副主任的陪同下，一行人先后参观了文痕实验室、法医鉴定室、会议室和办公室等，并向工作人员了解了汉博的发展历程及文件检验仪器的使用方法。

浙江汉博司法鉴定所的高速成长令专家、领导们赞叹不已。此次考察在和谐轻松的氛围中结束。

参观文痕实验室

在此次迎接来自全国司法鉴定管理干部、专家培训班领导的大规模考察活动中，汉博司法鉴定所展现出了良好的精神风貌和专业素质，让各地司法鉴定工作者以汉博为窗口，领略到浙江省司法鉴定事业的发展水平，这对促进国内司法鉴定工作的稳步向前具有指导性意义。

参观考察法医物证工作室

7. 中国平安财产保险股份有限公司医疗理赔学员来我所观摩学习

2011年8月19日，浙江汉博司法鉴定所热烈欢迎并接待了中国平安财产保险股份有限公司医疗理赔实践基地2011年第二期培训班的学员。本所法医临床鉴定专家、助理等人员对前来观摩、学习的学员提出的有关道路事故伤残鉴定标准、重新鉴定及鉴定规范应用技能等法医临床司法鉴定相关专业性问题一一进行了解答。通过此次交流、讨论和互动，促进了双方对法医临床鉴定实践中的各类规范标准的理解与运用，以及针对法医临床鉴定实践中可能出现的问题制定了一系列措施，为准确、科学地完成法医临床鉴定工作奠定了基础。

学员聆听专家解说

8. 贵州省司法厅司法鉴定管理处领导等一行应邀来我所参观考察

2011年8月30日，贵州省司法厅司法鉴定管理处李文文处长一行应邀来浙江汉博司法鉴定所参观考察，受到本所全体人员的热烈欢迎。

李处长首先参观了本所的文痕鉴定实验室、法医临床实验室以及案件受理接待室，了解了本所的发展历程以及各项鉴定工作的现状。随后，李处长在我所文痕鉴定实验室共同观摩了由浙江省司法厅司法鉴定管理处研发的“司法鉴定管理平台”、“司法鉴定机构管理平台”两套司法鉴定管理系统。

为提高司法鉴定工作信息化水平，根据司法行政部门工作需要，浙江省司法厅司法鉴定管理处于2010年5月着手研发“司法鉴定管理平台”、“司法鉴定机构管理平台”。两套管理平台是按照《司法鉴定机构资质认定评审准则》、《司法鉴定程序通则》等规定，结合我省鉴定机构实际而开发的。其主要功能是对司法鉴定人和司法鉴定机构进行管理，通过此平台，司法行政主管部门可以在第一时间了解司法鉴定人、司法鉴定机构的工作情况，即时受理司法鉴定人及鉴定机构执业资格变更、申请、注销等工作。

司法鉴定机构管理平台包含鉴定工作操作流程和机构内部管理两个系统。前者对司法鉴定工作流程操作和控制管理，支持标准文书的自动生成，并提供机构所需的查询与统计功能。后者主要根据司法行政部门和认证认可三大体系对鉴定机构内部的管理要求，存储、记录、查询全部鉴定资源和档案。该平台拟与正在开发的全省司法鉴定管理系统网络对接，实现各鉴定机构对全省鉴定案件信息即时共享，可减少多头鉴定的现象。

最后，李处长高度评价我所在司法鉴定信息化方面取得的成就，并表示我所先进的管理经验和模式非常值得学习和借鉴。

观摩司法鉴定管理系统

9. 临海市人民法院副院长孙波一行来我所参观调研

2012年3月1日下午，浙江省临海市人民法院孙波副院长等一行5人来到浙江汉博司法鉴定所参观调研，胡祖平主任及相关负责人接待了各位领导。

孙副院长一行参观了本所的各鉴定室、文痕实验室、接待受理室、会议室等相关科室，对本所高端的仪器设备和严格的管控体系留下了深刻的印象。在听取了胡主任关于本所的发展历程介绍后，孙副院长充分肯定了本所“做精做强”的办所理念。他指出，提高司法鉴定工作的水平，人才是根本，技术、设备是关键，只要做到科学性和法律意识、高端设备和专业鉴定人才等的有机结合，并符合司法鉴定的专业要求，以法律、实力和技术说话，汉博所的司法鉴定工作就能够越做越好，前景远大。他希望汉博所加大科技投入，加快科技创新，加强人才引进，不断增强鉴定人员的各方面素质，不断提高司法鉴定水平和社会公信力。同时，他也提出了对本所的期望和要求：一是文痕实验室的防尘环境希望做得更好；二是在确保鉴定质量的前提下，提高办案效率；三是加强与法院的联系，及时做好沟通协调工作。胡祖平主任表示，感谢临海市人民法院领导的关心支持，汉博所一定不负众望，把鉴定工作做精做强，为法院的审判工作提供有力的依据。

胡祖平主任与孙波副院长等合影

10. 中国平安财产保险有限公司医疗理赔培训班第二批培训学员来我所学习观摩

2012年5月31日，中国平安财产保险股份有限公司医疗理赔实际操作基地2012年第二批培训班学员到浙江汉博司法鉴定所学习观摩，这是汉博司法鉴定所作为中国平安财产保险公司的实践基地迎来的又一批学员。

浙江汉博司法鉴定所的法医临床鉴定专家、助理等人员为前来观摩、学习的学员提出的有关道路事故伤残鉴定标准、重新鉴定及鉴定规范应用技能等法医临床司法鉴定相关专业性问题一一进行了答疑。双方就法医临床鉴定实践中的各类规范标准的理解与运用，以及针对法医临床鉴定实践中可能出现的问题进行了探讨和研究，并就完善法医临床实践中可能出现的问题提出了一系列解决措施，为日后准确、科学完成法医临床鉴定工作奠定了基础。

第二批培训班学员学习法医临床鉴定方面知识

11. 贵州省司法厅司法鉴定处领导一行来我所考察

2012年6月5日，贵州省司法厅司法鉴定处潘维亚处长一行9人来到汉博司法鉴定所考察。

潘维亚处长一行首先参观了汉博司法鉴定所的案件受理接待室、法医临床室以及文痕鉴定实验室等，认真听取了胡祖平主任关于汉博司法鉴定所质量认可认证工作的介绍，随后座谈交流了“关于全面推进司法鉴定机构认证认可工作”等。

胡祖平主任介绍我所质量认可认证工作

12. 江西省司法厅司法鉴定考察团李丽等一行来我所参观考察

2012年12月3日，江西省司法厅司法鉴定考察团李丽副局长一行莅临我所参观考察。浙江汉博司法鉴定所胡祖平主任对考察团的到来表示热烈欢迎，并带领考察团一行参观了我所的受理接待室、文书鉴定室、痕迹鉴定室、法医检查室及文痕实验室。

规范的受理接待室受到来宾的关注

胡祖平主任向来宾介绍工作

合影

13. 杭州市司法局考核组来我所考核2012年司法鉴定工作

2013年1月7日，杭州市司法局考核组前来浙江汉博司法鉴定所考核2012年司法鉴定工作。根据杭州市司法局《关于做好2012年度司法鉴定机构、司法鉴定人执业考核工作的通知》的规定，杭州市司法局司法鉴定管理处陶琦处长携其他司法鉴定机构的鉴定专家一行5人来汉博所考核2012年司法鉴定工作。

汉博所领导对专家组成员的到来表示热烈欢迎，并全面汇报了2012年司法鉴定工作。考核小组对本所司法鉴定相关规章制度、专家团队的构建、仪器设备配备、执行《司法鉴定程序通则》的情况、省厅三个会议纪要以及遵守相关鉴定规范等方面进行了检查，重点对本所的法医案卷进行抽查。陶琦处长一行对本所工作给予充分肯定和高度评价。建议汉博所在保持现有鉴定专业种类正常发展的条件下，拓展其他鉴定专业种类，为浙江司法鉴定事业的发展做出应有的贡献；并在司法鉴定社会服务方面提出了积极的建议，如制作小宣传册，宣讲如何保管检材、样本，如何提取样本，提取样本的方法等，在减少社会投诉、稳定社会、建设和谐社会方面发挥特殊的作用。

胡祖平主任汇报2012年司法鉴定工作

14. 广东省司法厅罗纪锋处长等一行莅临我所考察交流

2013年6月4日上午，广东省司法厅司法鉴定管理处罗纪锋处长一行应邀莅临浙江汉博司法鉴定所考察指导，并与胡祖平主任、梁锋副主任等我所核心班子成员进行座谈。

在胡主任的引导下，罗处长一行先后参观了我所的文痕实验室、法医鉴定室、会议室和办公室等。他惊喜于汉博所的飞速成长，并对汉博所的基础设施建设和司法鉴定水准给予了高度评价。

随后开始的座谈会上，双方主要就司法鉴定人员的出庭费用、法医鉴定的重审案件、投诉等相关问题交换了彼此的看法。广东省作为中国经济比较发达的地区，司法鉴定程序方面也已相当规范，在该领域积累了丰富管理经验的罗处长，为汉博所未来的发展提供了许多建设性意见。胡主任和罗处长就目前日益兴起的电子物证技术进行了交流，交换了彼此的意见和看法，双方认识到声像鉴定技术是未来司法鉴定的关键环节，应积极调动各项有利因素，在行业内部实现由各司其所到产业链结构的拓展。

参观文痕鉴定实验室

15. 上海市司法鉴定考察组傅忠伟等一行来我所参观考察

2013年8月15日下午，上海市司法局司法鉴定管理处傅忠伟处长、刘玉兰调研员与上海市质量技术监督局认证监督管理处刘春杨处长、宋健同志一行莅临我所参观考察。

考察组参观了我所的工作场所及各种仪器设备，并对我省关于认证认可的工作模式和制度进行了详细的了解，胡祖平主任就我所实施认证认可工作中遇到的一些问题发表了自己的意见。杭州市司法局吴建华副局长谈了以下几点工作经验：一是实施认证认可工作必须全员参与；二是司法鉴定机构的各项条件必须满足；三是认证认可工作要结合实际、结合各机构的特点，循序渐进；四是认证认可工作是一个逐步完善的过程。

考察组对我所近年来的发展表示肯定，并对如何做好认证认可、营造鉴定文化、加快鉴定机构转型升级等方面的工作提出了宝贵的建议。

16. 辽宁省司法鉴定考察组闻绍研等一行莅临我中心考察指导

2014年2月25日下午，由辽宁省司法厅司法鉴定管理处处长闻绍研、副调研员马力，辽宁省司法鉴定协会会长韩峰、副会长官大威为代表的辽宁省司法鉴定考察组莅临浙江汉博司法鉴定中心考察指导，并在汉博中心召开“司法鉴定管理工作调研”座谈会。

浙江汉博司法鉴定中心主任胡祖平代表中心全体人员对辽宁省司法鉴定考察组领导专家的到来表示热烈的欢迎。考察组一行在胡祖平主任等人的陪同下先后参观了汉博鉴定中心的文痕实验室、法医病理实验室、法医物证DNA实验室、受理接待室。

在随后进行的座谈会上，胡祖平主任向各位领导专家简单介绍了汉博中心的发展历程和现状。施建良处长在会议上发言，从“司法鉴定机构布局”、“案件量”等几个方面介绍了杭州市司法鉴定行业目前的状况，并指出，杭州市的司法鉴定机构在能力验证方面目前处于全国领先水平，浙江汉博司法鉴定中心是杭州市鉴定行业的品牌、旗舰。

闻绍研处长对浙江省司法鉴定管理工作给予了高度评价，他认为浙江司法鉴定管理工作引领了全国的司法鉴定管理工作，有许多方面值得借鉴学习。

胡祖平主任、梁锋副主任与司法鉴定考察组合影

最后，在座的各位领导专家就“专家委员会如何发挥作用”、“出庭作证”等方面进行了探讨。大家各抒己见，分享各自的经验和体会。这次座谈会促进了两省司法鉴定工作的交流，有益于推动司法鉴定事业健康发展。

司法鉴定管理工作调研座谈会

17. 浙江省红木研究会会长吴晓平等一行莅临我中心参观交流

2014年6月11日上午，浙江省红木研究会会长吴晓平等一行在浙江省司法厅司法鉴定管理处金素红主任的陪同下莅临浙江汉博司法鉴定中心参观交流。浙江汉博司法鉴定中心副主任梁锋代表中心全体人员对吴晓平会长一行的到来表示热烈欢迎。吴会长一行在梁锋副主任的陪同下参观了中心的相关科室，梁主任介绍了本中心的技术人员，并举行了座谈会。

在座谈会上，吴晓平会长简述了林业司法鉴定的性质、鉴定内容以及林业司法鉴定发展历程与目前全国的基本状况。梁主任也就本中心已开展的“文书鉴定”、“痕迹鉴定”等六大类鉴定项目做了简要的介绍。双方着重讨论有关风险防范方面的意见以及困扰，一致认为应具备风险防范意识，加强内部质量管理，做好相关工作。

吴晓平会长参观文痕实验室

召开座谈交流会

18. 甘肃省司法厅司法鉴定考察组莅临我中心参观考察

2014年10月24日下午，甘肃省司法厅司法鉴定管理处、各地市级司法局相关领导及司法鉴定同行等一行15人莅临浙江汉博司法鉴定中心参观考察。本中心机构负责人薛建国主任、梁锋副主任陪同参观。

在座谈交流会上，双方就“仪器设备”、“队伍建设”等方面进行了交流探讨。

参观本中心文痕实验室、受理接待室

召开座谈会

19. 温州医科大学司法鉴定中心廖毅等一行莅临我中心参观交流

2015年1月14日下午，温州医科大学司法鉴定中心廖毅处长等一行莅临浙江汉博司法鉴定中心参观交流。

廖处长一行在中心副主任梁锋的陪同下参观受理接待室、文痕实验室，梁锋副主任详细介绍了本中心当前配备的先进仪器设备。廖处长等一行参观了本中心法医临床鉴定工作场所及法医病理实验室，与中心法医鉴定专家交流了法医鉴定工作中的相关问题。

参观法医物证DNA实验室

20. 胡祖平院长赴黑龙江省公安厅参观学习

2015年8月26日，浙江省汉博鉴定科学技术研究院名誉院长、浙江汉博司法鉴定中心首席顾问胡祖平与副主任梁锋同赴黑龙江省公安厅，在享受国务院政府特殊津贴、全国文件检验领域领军人物的文检室主任刘存孝的陪同下，参观学习了相关文检仪器设备的用途，并就文检技术等相关领域问题展开交流与探讨。

参观实验仪器（一）

参观实验仪器（二）

双方合影

21. 胡祖平院长等一行赴福建省公安厅调研学习

2015年7月31日上午，浙江省汉博鉴定科学技术研究院名誉院长、浙江汉博司法鉴定中心首席顾问胡祖平、副主任梁锋一行赴福建省公安厅调研学习。文件检验高级工程师林祥陪同参观了公安厅各实验室以及文件制成时间样本数据库，并与刑事技术总队副总队长、文件检验专家郁超英进行了交流座谈。

座谈会上，郁超英副总队长强调了对文件制成时间检验研究的重要性以及构建数据库的必要性。

合影

参观文件制成时间样本库

参观法医物证实验室

参观文痕实验室

第四章

硕　果

十年

第一节　汉博文化

十年磨一剑，霜刃未曾试。
今日把示君，谁有不平事？

——唐·贾岛《剑客》

2005年2月，第十届全国人大常委会第14次会议通过了《关于司法鉴定管理问题的决定》，由此开始了司法鉴定社会化改革。在司法鉴定制度改革的大潮中，浙江汉博司法鉴定所应运而生。十年岁月峥嵘，十年春华秋实，十年风雨兼程。过去的十年，我们经历了磨难，克服了困难，成就了辉煌。在过去的十年，我们艰苦奋斗，开拓进取，争创一流。经过十年的不懈努力，浙江汉博司法鉴定中心取得了丰硕的成果，为促进司法公正、化解社会纠纷做出了巨大贡献。

1. 承办浙江省司法鉴定人继续教育培训

（1）2011年10月28日至29日，由浙江省司法厅主办、浙江汉博司法鉴定所组织承办的“2011年文书、痕迹司法鉴定人培训研讨班”在杭州举行。来自浙、苏、鲁三省的100余位文书、痕迹司法鉴定人参加了此次研讨班。本次研讨班的成功举办，对进一步提高浙、苏、鲁三省文痕司法鉴定人员队伍的整体水平，推动长三角以及山东省文书、痕迹司法鉴定工作的进步和发展起到了积极的作用。

（2）2012年10月24日至26日，由浙江汉博司法鉴定所主办的“浙江省2012年文书、痕迹司法鉴定人继续教育培训研讨班”在杭州举行。来自全省50余位文书、痕迹司法鉴定人参加了此次培训。会上，由汉博所主持对三类（摹仿笔迹、朱墨时序和打印文件变造）疑难案例进行了探讨与交流，大家积极互动、各抒己见，气氛热烈。本次培训对有效提高文书、痕迹司法鉴定人专业技能和执业水平，推动文书、痕迹司法鉴定工作的进步和发展起到了积极作用。

（3）2013年10月26日至27日，由杭州市司法局主办、浙江汉博司法鉴定中心承办的“2013年文书、痕迹司法鉴定人继续教育培训班”在杭州市湖光饭店举行。来自全省司法鉴定机构的50多名文书、痕迹司法鉴定人及鉴定人助理共同参加了本次培训会议。本次培训会议得到了省、市司法厅、局级领导的认可，取得了圆满成功。

（4）2014年5月16日至18日，根据浙江省司法厅《关于做好2014年度司法鉴定继续教育培训工作的通知》文件安排，由浙江汉博司法鉴定中心主办的2014年浙江省文书、痕迹、声像资料司法鉴定人继续教育培训班在杭州市湖光饭店隆重举行。参加本次培训的学员来自全省司法鉴定机构的58名文书、痕迹、声像资料鉴定人及鉴定人助理。

2. 组织2014年文书鉴定意见书评议活动

为贯彻落实《关于开展司法鉴定规范执业专项检查活动的通知》的文件精神，进一步规范文件检验鉴定书的制作，2013年5月16日晚，在省司法厅司法鉴定管理处金素红科长的主持下，由汉博司法鉴定中心文检室主任薛建国任评议组组长的省内七家鉴定机构鉴定人代表组成的评议组，举行了文书评议活动。本次活动对全省8家司法鉴定机构的16份司法鉴定文书进行盲化评审，根据省厅的评分标准，专家对每份鉴定书进行打分，公布了评议结果，对鉴定书中出现的问题做了总结。会上专家点评意见非常客观，气氛和谐。通过此次鉴定文书评议活动，各鉴定机构加强了彼此之间的交流学习，增强了文书写作规范化意识，大家纷纷表示回去后要认真组织学习，找出差距，并把评议的意见和建议贯彻到具体工作中。

3. 负责起草《文书鉴定实验室配置和操作规范》

由浙江汉博司法鉴定中心负责起草的《文书鉴定实验室配置和操作规范》经全省文书鉴定专家讨论通过，于2013年11月5日由浙江省司法厅浙司〔2013〕139号文件颁布。

4. 负责起草文书司法鉴定意见书示范文本

由浙江汉博司法鉴定中心负责起草的《浙江省笔迹鉴定意见书(示范文本)》、《浙江省印章印文鉴定意见书(示范文本)》经全省文书鉴定专家讨论通过，于2015年2月25日由浙江省司法鉴定协会浙鉴协〔2015〕2号文件颁布。

5. 开展文件制成时间标准数据库、图谱库构建

文件制成时间的检验鉴定，一直是文件检验鉴定领域的热点和难点问题，也是文件检验鉴定实践中急需研究解决的关键技术问题。浙江汉博司法鉴定中心非常注重对相关问题的研究。2014年12月，浙江省汉博鉴定科学技术研究院向文件检验鉴定公安部重点实验室申请课题，建立文件制成时间标准数据库、图谱库。通过文件制成时间标准数据库、图谱库的构建，以期对法庭科学工作者起到参考借鉴作用，并在各类案件的侦查、鉴定、诉讼以及审判过程中发挥重要作用。

6. 文件检验鉴定公安部重点实验室建设

2012年8月11日，“公安部重点实验室文件形成时间研究中心南方基地”暨“中国刑事警察学院教学科研实践基地”签约揭牌仪式在浙江汉博司法鉴定所举行。中国刑事警察学院院长王世全、浙江省司法厅副厅长俞世裕共同为“公安部重点实验室文件形成时间研究中心南方基地”、“中国刑事警察学院教学科研实践基地”揭牌。杭州市中级人民法院副院长汤海庆、杭州市司法局副局长吴建华，以及浙江省高级人民法院、浙江省公安厅、浙江省司法厅、杭州市公安局、杭州市司法局相关业务处室的领导与会祝贺。王世全院长和浙江汉博司法鉴定所主任胡祖平分别在《科研技术合作协议书》上签字并交换文本。

从1989年开始，中国刑事警察学院在文件制成时间的检验鉴定方面做了大量的基础工作，并对各类书写和打印色料的种类和相对形成时间的检验进行了系统的研究。2008年8月，中国刑事警察学院文件检验鉴定实验室被公安部确

定为首批部级重点实验室。实验室以文件物证的检验鉴定为主要研究方向，针对文件检验鉴定工作中的难题和关键技术开展综合性研究。实验室拥有国内知名专家教授30多人。这次中国刑事警察学院将实验室的南方基地落户浙江汉博司法鉴定所，填补了浙江省司法鉴定领域在文件形成时间研究方面的空白。

中国刑事警察学院院长王世全、浙江省司法厅副厅长俞世裕、杭州市司法局副局长吴建华以及浙江汉博司法鉴定所主任胡祖平分别在签约揭牌仪式上致辞。王世全院长说，中国刑事警察学院建校60多年来，培养了一批又一批的学生，这些学生活跃在全国公、检、法系统的证据科学岗位，之所以选择浙江汉博司法鉴定所作为“文件形成时间研究中心南方基地”和“中国刑事警察学院教学科研实践基地”，一是在前期考察中，对浙江汉博司法鉴定所的硬件建设感到震惊，是到过的全国所有司法鉴定所硬件设施最好的；二是与胡祖平的努力开拓和创新精神分不开的；胡祖平是我校1994届的学生，对文检事业非常热爱，有刻苦钻研精神，希望通过搭建这样一个平台，加强学校与社会的沟通，教学与实践的良性互动，为全国文件形成时间提供司法鉴定技术服务。

浙江省司法厅副厅长俞世裕在致辞中指出：近年来，浙江汉博司法鉴定所以省厅提出的“规模、品牌、特色”为导向，在硬件建设上舍得投入，在软件建设上积极转型升级，队伍建设和业务建设取得了长足的发展。此次“公安部重点实验室文件形成时间研究中心南方基地”和“中国刑事警察学院教学科研实践基地”落户浙江汉博司法鉴定所，走强强联合之路，推进浙江司法鉴定行业向全国权威机构靠拢，增强浙江司法鉴定机构的实力和战斗力，这件事本身就非常有意义，是符合浙江司法鉴定管理理念的，省厅非常支持。文件检验是浙江汉博司法鉴定所的特色，希望汉博所能把特色做成品牌，在做精做强做优上下工夫，走在全省前列，成为全省的榜样。

杭州市司法局副局长吴建华在致辞中对活动表示热烈祝贺。他说这是我市司法鉴定发展史上的一件值得祝贺的事情，对提升发展能力，增强发展实力，扩展发展功能，创新服务方法，建设规范管理，推动我市司法鉴定行业跨入新一轮健康发展轨道将起到积极的作用，各级各有关部门要积极支持司法鉴定行业的发展。

与会领导还逐一参观了汉博司法鉴定所的文痕实验室、法医鉴定室、痕迹鉴定室、文书检验室等，并认真仔细听取了各种仪器设备的应用知识介绍。

中国刑事警察学院刑事科学技术系主任王相臣、浙江省高级人民法院办公室主任陆永棣、司法鉴定处处长饶文军、后勤装备处处长张伟强、杭州市司法局司法鉴定管理处处长陶琦以及浙江省高级人民法院杨宇军副处长、浙江省人民检察院技术处副处长马荣壮、杭州市强制隔离戒毒所政委缪舜、浙江省公安厅刑侦总队文检室主任齐育新、浙江省公安厅国保总队高级工程师栾建渭等领导和专家也参加了今天的签约揭牌仪式。

7. 开展系列专题讲座

(1) 胡祖平院长应邀为浙江警察学院做专题讲座

2014年5月7日晚上，浙江省汉博鉴定科学技术研究院名誉院长、浙江汉博司法鉴定中心首席顾问胡祖平应邀为浙江警察学院的学生做题为“非正常笔迹检验”的专题讲座。

非正常笔迹，是指在特殊的心理状态或不适应的书写条件下形成的笔迹，包括摹仿笔迹、条件变化笔迹、故意伪装笔迹，在笔迹鉴定工作中往往难以把握。在讲座中，胡院长通过真实案例向同学们详细讲解了摹仿笔迹、伪装笔迹、条件变化笔迹的检验要点。课堂上，胡院长与同学们积极交流、互动，课堂气氛热烈融洽。通过本次细致的演讲分析，同学们对非正常笔迹检验有了进一步的认识。

(2) 胡祖平院长等文检专家就实习生的研究课题给予启发性指导

2014年8月，浙江汉博司法鉴定中心与西南政法大学联合共建“教学科研实践基地”并迎来首批该校文件检验专业的研究生前来实习。本批研究生带着《论司法鉴定人保护制度》等几个研究课题来到汉博中心。西南政法大学特聘客座教授、浙江省汉博鉴定科学技术研究院名誉院长、浙江汉博司法鉴定中心首席顾问胡祖平以及浙江汉博司法鉴定中心机构负责人、文件检验室主任薛建国等文件检验专家就这些课题给予研究生启发性的指导。

胡祖平院长、薛建国主任等作为资深文件检验专家对这些课题做了深入剖析，就其必要性、迫切性、科学性、可操作性等方面与研究生进行了分析交流，并且就“如何准确立题”、“如何把握要点”、“从哪些方面去做研究”、“需要收集哪些方面的素材”等方面给予了研究生很多客观有效的指导

意见。

经过胡院长等专家的悉心指导，研究生对这几个课题的研究有了更加明确的方向，思路更加清晰；并拟定从“司法鉴定人执业环境的特殊要求”、“我国司法鉴定人保护制度建设的关注要点”等几个方面对《论司法鉴定人保护制度》的课题进行详细论证。

(3) 胡祖平院长应邀为浙江警察学院学员授课

2014年11月2日下午，浙江省汉博鉴定科学技术研究院名誉院长、汉博司法鉴定中心首席顾问胡祖平院长应邀为浙江警察学院刑事科学技术专业学员做题为“非正常笔迹的检验”的专题讲座。

非正常笔迹在笔迹鉴定工作中往往难以把握，通过这次细致的演讲分析，同学们对此有了进一步的认识。课堂上，胡院长与同学们积极交流、互动，课堂气氛热烈融洽，通过真实案例的分析，胡院长向同学们讲解了摹仿笔迹、伪装笔迹、条件变化笔迹的检验要点。

胡祖平院长现为浙江汉博司法鉴定中心首席顾问、浙江省汉博科学技术研究院名誉院长、中国刑事科学技术协会文件检验专业委员会委员、文件检验鉴定公安部重点实验室学术委员会委员，同时也是中国刑事警察学院、西南政法大学客座教授。胡院长认为，年轻人是司法鉴定的后备军，是司法鉴定事业发展的动力，所以他经常利用自己的业余时间与鉴定专业学生交流。胡祖平院长身体力行，甘为人梯，提携后人，为司法鉴定事业的发展做出了应有的贡献。

(4) 胡祖平院长参加第七届全国文检学理论与实践研讨会暨文件形成时间专题研讨会

2014年11月12日至14日，第七届全国文检学理论与实践研讨会暨文件形成时间专题研讨会在广东省东莞市召开。本次研讨会由中国刑事警察学院主办，来自全国公、检、法、司等系统的共200多位专家学者参加了会议。浙江省汉博鉴定科学技术研究院名誉院长、浙江汉博司法鉴定中心首席顾问胡祖平，以及中心机构负责人、文检室主任薛建国应邀参加了本次研讨会。

会议围绕“文件制成时间检验”这一主题进行探讨交流。会上，多位公、检、法、司、院校等系统和单位的专家学者代表分别就“文件制成时间检验方法评价”、“笔迹的个人化特性”、“笔迹（签名）量化检验鉴定模型方法的研究与完善”、“色谱法在字迹形成时间检验中的应用”、“书写时间鉴定的困境与突破”、“新型超快速拉曼成像光谱仪先进技术及在文检中的应用介绍”等内容进行了系统的讲解，同与会代表进行了深入探讨。在案例交流环节，会议就 “一起吸毒人员签名笔迹案件的检验”、“利用图像处理技术鉴定《协议书》的真伪”等内容进行了交流。与会代表们积极参与，畅所欲言，分享了各自在实际工作中的经验。

会议期间，胡祖平院长应邀在大会上做了题为“庭审答辩技巧与实务”的专题报告。受大会邀请，胡祖平院长与薛建国主任共同主持了13日上午的会议。

本次大会还出版了论文集《国际文件检验理论与实践前沿问题研究》一部，共征集论文207篇，录用了172篇。我中心首席顾问胡祖平院长、薛建国主任及魏显峰所写的论文《庭审答询技巧与实务》、《关于我国司法鉴定人出庭作证制度的思考》均被录用。这些论文是全国30个省、市、自治区的公、检、法、司、海关等系统和公安政法院校文件检验工作者智慧的结晶。论文涉及文件检验学的各个分支学科，反映了文件检验理论和实践的最新成果。

本次会议促进了我国专家学者在此领域的广泛交流，有利于文件检验技术的提升，进一步促进了我国文件检验事业的健康发展。

(5) 浙江省汉博鉴定科学技术研究院胡祖平院长赴安徽省公安厅授课

2014年12月9日，浙江省汉博鉴定科学技术研究院名誉院长、浙江汉博司法鉴定中心首席顾问胡祖平赴安徽省合肥市，应邀为安徽省公安厅举办的全省文件检验技术培训班授课，本次授课胡院长讲解的文检专题有《庭审答询技巧与实务》和《我国司法鉴定的沿革、机遇和挑战》。

(6) 胡祖平院长应邀为浙江金道律师事务所授课

2015年1月28日下午，浙江省鉴定科学技术研究院名誉院长、浙江汉博司法鉴定中心首席顾问胡祖平应邀为浙江金道律师事务所做关于司法鉴定业务知识的讲座。

本次授课，胡院长做了“鉴定意见质证策略与技巧”、“我国司法鉴定的沿革、机遇和挑战”的专题讲座。授课过程中胡院长就当前鉴定意见质证的现状、对鉴定意见有异议如何质证、司法鉴定的发展阶段、司法鉴定的机遇与挑战等方面分别进行了详细的讲解。同时，胡院长与听课律师就当前司法鉴定实践遇到的难题和困惑进行了热烈的探讨，对律师代表提出的疑问给予了详细解答。

（7）胡祖平院长应邀为浙江五联律师事务所授课

2015年4月8日下午，浙江省汉博鉴定科学技术研究院名誉院长、浙江汉博司法鉴定中心首席顾问胡祖平应邀为浙江五联律师事务所授课，胡院长就“司法鉴定制度”和“鉴定意见质证”两方面的内容做了详细讲解。

授课中，胡院长结合自己多年的办案经验，为五联律师事务所的律师们介绍了司法鉴定的现状、存在的问题，以及在司法鉴定委托和鉴定意见质证过程中需要注意的问题，确保最大限度维护当事人的合法权益，降低律师的执业风险。最后，胡院长对各位律师在司法实践中遇到的问题进行详细解答，为律师们授业解惑。

8. 编写汉博系列丛书

浙江汉博司法鉴定中心始终注重对司法鉴定理论的学习和总结。2013年至今，浙江汉博司法鉴定中心共组织编写了《司法鉴定理论与实践》、《出庭质证方法与技巧》、《文件制成时间检验》、《司法鉴定法律法规全书》等书，并在专业期刊上发表专业技术论文数十篇。

（1）《司法鉴定理论与实践》一书正式出版

2013年9月29日，由浙江汉博司法鉴定中心胡祖平主任主编，中国刑事警察学院文件检验学副教授白晓峰、浙江省高级人民法院刑事审判第一庭副庭长梁健、浙江省监狱工作研究所所长马卫国担任副主编的《司法鉴定理论与实践》由浙江大学出版社正式出版。

为了促进司法鉴定机构及司法鉴定人之间的合作与交流，推动司法鉴定的快速发展，切实提高司法鉴定人员理论与实践的能力，浙江汉博司法鉴定中心举办了一次“司法鉴定理论与实践”征文活动。此活动自2012年4月6日开始征稿，得到了公、检、法、司系统及全国的司法鉴定人、专家、学者的积极响应，并纷纷投稿，共收到论文200多篇。经过专家审稿最终录用了53篇优秀论文。

《司法鉴定理论与实践》包含司法鉴定理论研究、文书鉴定实务研究、法医临床鉴定实务研究和痕迹鉴定实务研究四部分内容，以图文并茂的形式向大家展示了司法鉴定理论与实践的相关知识，是一本既具有知识性、观赏性、趣味性，又具有较强专业性的图书。本书注重理论和实践结合，具有较强的实践指导意义。

(2) 由胡祖平院长主编的“汉博丛书”之《出庭质证方法与技巧》正式出版

2015年3月19日，由浙江省汉博鉴定科学技术研究院名誉院长、浙江汉博司法鉴定中心首席顾问胡祖平主编的《出庭质证方法与技巧》由浙江大学出版社正式出版。

鉴定意见作为证据的种类之一，和案件其他证据一样，只有经当庭出示、辨认、质证等法庭调查程序查证属实，才能作为定案的依据。近年来，国家对鉴定人出庭的法律法规相继出台。2013年7月，浙江省汉博鉴定科学技术研究院、浙江汉博司法鉴定中心为促进鉴定机构及鉴定人彼此间的交流与合作，推动司法鉴定在诉讼环节中的地位和作用，切实推进司法鉴定人出庭能力的提高，举办了“司法鉴定理论与实践”第二次征文活动，得到了全国公、检、法、司系统及全国的司法鉴定人、专家、学者的积极响应，并纷纷投稿。

《出庭质证方法与技巧》一书的副主编由甘肃省证据科学技术研究与应用重点实验室高级工程师罗琼、浙江省监狱工作研究所所长马卫国担任，共收录30篇优秀论文，分“理论篇”和“实践篇”两篇。本书材料翔实、论证充分，对于司法鉴定人出庭质证能力的提高具有重要的指导意义和参考价值，是一部在司法鉴定研究领域中具有重要学术价值的专著。

(3) 由胡祖平院长担任主编的《文件制成时间检验》由浙江大学出版社正式出版

2015年4月23日，由中国刑事警察学院谢朋教授，浙江省汉博鉴定科学技术研究院名誉院长、浙江汉博司法鉴定中心首席顾问胡祖平共同主编的《文件制成时间检验》由浙江大学出版社正式出版。本书是国内首部全面、系统阐述文件制成时间检验的专业书籍。

文件制成时间检验一直是文件检验领域世界性的热点和难点问题。随着社会经济的发展，涉及文件物证制成时间的案件越来越多。此类文件的检验鉴定结论常常是案件侦破的重要线索或案件讼争的焦点。由于作为检验对象的文件受到自身组成和外界条件等多方面因素的影响，因此目前仍有许多瓶颈问题尚未突破。此前，国内外的学者、专家不乏有关文件制成时间检验的论文、著作，但尚没有一本从各个视角进行全面、系统阐述的有关文件制成时间检验的论著。本书涵盖了所有文件制成时间检验问题，其内容分为八个篇章，包括文件的时空有序性检验、文件的形态学检验等，是作者几十年教学、研究、鉴定实践的成果和经验积累；既有理论深度，又有实战高度，特别是对各种检验技术方法的适用条件和对象范围都做出了明确的规范。

本书采用全彩印刷，以图文并茂的形式阐述文件制成时间检验的相关知识，具有很高的理论指导意义和实践应用价值，既可以作为公安、司法院校学生的教科书，又可以作为公、检、法、司等系统以及科研、保卫和鉴定部门从事文件检验工作人员的重要参考书。

9. 负责多批文件检验专业的实习生实习

(1) 负责首批中国刑事警察学院文件检验专业实习生

2013年7月8日，浙江省最具规模的司法鉴定机构——浙江汉博司法鉴定所迎来了中国刑事警察学院的7名文件检验专业的学生。据悉，这是继2012年8月浙江汉博司法鉴定所与中国刑事警察学院联合共建“文件检验鉴定公安部重点实验室文件形成时间研究中心南方基地”及“中国刑事警察学院教学科研实践基地”后迎来的第一批实习生，也是中国刑事警察学院与民间司法鉴定机构的首次合作。

7月9日上午，欢迎大会在浙江汉博司法鉴定所会议室拉开帷幕，所长胡祖平、副所长梁锋及文检室专家许明良老师、薛建国老师，与沙江伦、沈健、李楠、武迪、邸昊、李博文等来自山东、吉林、内蒙古、黑龙江等全国各地的中国刑事警察学院2010级文件检验专业的本科生，及中国刑事警察学院院长王世全老师的研究生张晓欣共同出席了会议。

会上，胡祖平所长首先对中国刑事警察学院首批实习生的到来表示热烈的欢迎和诚挚的慰问，希望各位学员今后能够带着责任工作、带着问题学习。随后，办公室副主任向实习生宣读了实习期间包括《实习生管理制度》、《安全

管理制度》、《保密管理制度》等各项制度及实习的日程安排。曾工作在上海市公安局刑警总队（803）的文检专家、科技领军人物薛建国主任对正在成长的中国新一代文检人才寄予厚望，他表示，实习生的到来给了民间司法鉴定机构发展的一个契机，汉博所的各位前辈愿以身作则，实现教学与科研的双赢，在带领各位学员实践的过程中传道、授业、解惑。

在之后的2个月时间里，首批实习生将在汉博所的接待受理、鉴定过程、鉴定书的制作、案卷的发送、案卷的存档等各岗位实行轮流学习，期待他们能够为自己的实习生涯交上一份满意的答卷！

(2) 负责第二批中国刑事警察学院文件检验系的实习生实习

2014年2月25日，浙江汉博司法鉴定中心迎来了2014年首批中国刑事警察学院的实习生。浙江汉博司法鉴定中心作为中国刑事警察学院教学科研实践基地，自2013年7月喜迎首批中国刑事警察学院文检专业的实习生，本次是汉博中心迎来的第二批实习生。

这次前来实习的均为中国刑事警察学院2012届文件检验系的研究生。对于研究生们的到来，中心领导给予了高度重视，并代表全体人员向实习生们表示诚挚的欢迎。中心妥善安排了实习生的住宿和实习工作，并告知实习期间需要注意的各项规章制度及实习的日程安排。在今后的实习期间，实习生们将在汉博中心的接待受理、鉴定过程、鉴定书的制作、案卷发送、案卷存档等各岗位实行轮流学习。

浙江汉博司法鉴定中心作为浙江省司法鉴定行业规模较大、综合实力较强的鉴定机构，义不容辞地为社会输送优秀的司法鉴定人才而竭尽全力。

(3) 负责西南政法大学首批文件检验专业实习生实习

2014年6月17日，浙江汉博司法鉴定中心迎来首批西南政法大学文件检验专业的研究生前来实习。中心副主任梁锋代表汉博中心全体人员向实习生表示热烈欢迎。

在随后举行的座谈会上，中心领导及文件检验专家与实习生就研究的课题、实习期间需要完成的任务等方面进行了交流与探讨。中心妥善安排了实习生的住宿、实习工作日程等，并告知实习期间需要遵守的各项规章制度等。

本批实习生的到来为汉博中心注入了新鲜的血液、带来了新的活力。西南政法大学是新中国最早建立的高等政法学府之一，是规模较大、教学科研实力雄厚的重点大学。浙江汉博司法鉴定中心与西南政法大学联合共建“教学科研实践基地”。此次联合共建走的是强强联合的道路，加强了司法鉴定机构与高等院校的沟通，使得教学理论与实践紧密结合，为社会输送大量的优秀司法鉴定人才，促进中心的科研工作迈上更高的台阶。

(4) 负责中国刑事警察学院第三批实习生实习

2014年7月，浙江汉博司法鉴定中心迎来了中国刑事警察学院第三批2011届文件检验专业的5名本科生前来实习。中心妥善安排了实习生的住宿、实习工作日程等。在为实习生举行的欢迎会上，中心领导对实习生的到来表示热烈的欢迎，并为实习生制定了相应的实习流程。在接下来2个月的实习中，经过专家一对一指导，实习生将会收获到课堂上无法学到的实践知识。

10. 汉博中心与《钱江晚报》联合推出有关司法鉴定的专题系列报道——《鉴证实录》

2014年7月4日，由《钱江晚报》首席记者肖菁执笔的最新栏目《鉴证实录》首篇《解密亲子鉴定》在该报头版、第二、第三版刊登发行。《鉴证实录》是一档关于司法鉴定的专题系列报道，讲解了司法鉴定方面的知识，并通过司法鉴定人员的视角和经历，说案件，看人间。

上周，该栏目负责人肖菁记者一行前来浙江汉博司法鉴定中心参观DNA亲子鉴定操作流程，了解相关案情，为栏目的首次报道做准备工作。据悉，继法医物证DNA报道之后，《钱江晚报》还将就“文书鉴定”、“痕迹鉴定”、“法医临床鉴定”等鉴定项目分别予以报道。届时，一幕幕真实、感人的故事即将上演；阅世间百态，品百味人生。

11. 公正客观，服务为民

(1) 高水平鉴定助花甲老人成功维权

2013年12月，浙江汉博司法鉴定中心受理了一起特殊的声像资料鉴定案件。委托方是温州某集团公司，他们的委托要求是对一张拍摄于20世纪50年代的黑

白集体照与提供者14位老人目前的照片样本进行比对，判断是否为同一人。

这14位年逾花甲的老人曾是温州某国营工厂精减职工。早在1958年，他们这批职工被抽调至温州某国营工厂工作，又于1960年将他们精减退回农村。近年来，中共浙江省委组织部、浙江省人力资源和社会保障厅、浙江省财政厅相关部门发文，对20世纪60年代的精减职工给予困难补助，而他们这14位老人却没有享受到补助。带着疑惑，他们询问了有关部门，得到的回答是，“地方国营工厂已解散，你们的困难只能由社会保障部门给予解决，但是你们的档案已丢失，需要当地政府认证”。大伙儿觉得无计可施之时，其中一位老人忽然想到家中还珍藏着一张当年在该厂上班时拍摄的黑白集体照。在咨询了相关部门后，老人们得知只要把这张集体照拿到司法鉴定机构鉴定照片上的人是否为本人，就可以作为一份重要的参考依据。

经过多方打听，得知浙江汉博司法鉴定中心具有声像资料鉴定资质，于是老人们来到汉博司法鉴定中心咨询。浙江汉博司法鉴定中心的领导在了解了事情的原委后，立即着手处理此事。由于照片年代久远，并有破损，给鉴定造成了很大的困难。中心领导即刻安排了中心资深声像鉴定专家，并联络了北京、上海、沈阳等地的鉴定专家组成专家顾问团进行联合会诊。鉴定专家们运用自己丰富的鉴定经验，结合高端的仪器设备，经过细致的比较、分析，最终确定了13位老人与黑白照片上的人像特征基本吻合（其中一位老人的图像正处于黑白照片中破损的位置，因而无法鉴定），并出具了咨询意见书。同时，汉博司法鉴定中心的领导考虑到老人们的实际困难，为老人们减免了相关的费用。最终这份咨询意见书获得了相关部门的采信，老人们的身份也得到当地政府的认可，将获得每人每月500元的政府补助。对于已经是风烛残年的老人们而言，这是一笔不小的收入。为了表达对汉博司法鉴定中心的感激之情，老人们将一面印有“沉年照片，重现真影”的锦旗送到中心，感谢中心高超的技术水平、公正的鉴定、热忱的公益心，帮助他们维护了合法权益。

(2) 援助之举赢得百姓赞扬

2014年，五一小长假过后的第一个工作日，浙江汉博司法鉴定中心的员工们都井然有序地忙着手头的工作。“一封感谢信，还是法医物证的。”前台小张的一句话，顿时让整个办公室沸腾起来。中心平时收到过很多感谢信，但是

法医物证还是头一回，因为这是中心新开设的一个鉴定项目。这封感谢信让法医室的余主任想起了事情的来龙去脉。

4月初，物证办公室接到了××市××村毛主任的电话，说是他们村有一户人家想做DNA亲子鉴定。该户人家家中只有母亲和3个子女，孩子的父亲已经去世，母亲又没有经济来源，也没有出过远门，其中2个子女已经到了上学的年龄，但是没有户口，问一下我们能否到当地采集血样。接到电话的小张立即向法医室余主任汇报了这个情况。余主任了解情况后决定安排两个鉴定人去现场采集血样，并向中心领导汇报了当事人的特殊情况。鉴定人到当地后，了解了当事人的家庭状况，不禁觉得心酸。当事人的丈夫患有糖尿病多年，医治无效后死亡。在治疗疾病过程中花去医药费数十万元，并因此而负债累累。家中子女3人，其中2人都在上学，无经济来源。小儿子又患有病毒性乙型肝炎（大三阳），一直在治疗中，这让原本生活拮据的家庭雪上加霜。原来居住的房屋是民国时期建造的，现因年代久远，无钱整修，已经全部坍塌，村中考虑其情况特殊，就让其暂寄住于原乡兽医站内。

两位鉴定人向中心领导汇报了当事人的困境后，领导决定只收取检材成本费，其余的费用包括异地差旅等费用全部免去。当事人得知这个消息后，泪流满面，连声道谢。村委会对我们的工作也给予了高度的赞赏，并感谢中心热忱的公益心给这个不幸的家庭送去了温暖。

浙江汉博司法鉴定中心自成立以来，始终遵循科学、客观、独立、公正的原则，本着以人为本、服务社会的宗旨，曾受理过许多起当事人为社会弱势群体的司法鉴定案件。当事人由于受经济条件的局限，支付鉴定、评估等相关费用存在困难。每当得知当事人的困难时，汉博中心都会毫不犹豫地伸出援助之手，通过减免费用等方式给他们提供帮助，让他们能通过诉讼途径维护自己的合法权利，有效地保护他们的合法权益。此举彰显了汉博中心的人文关怀，让弱势群体感受到社会大家庭的温暖。迄今为止中心减免的司法鉴定案件量已有近百起，减免费用数额较大。今后汉博中心仍将一如既往地履行自己的社会职责，对需要帮助的社会弱势群体给予帮助与关爱，更好地服务于社会。

(3) 公正断案为企业发展助力

2014年11月18日上午，浙江汉博司法鉴定中心的工作人员正有条不紊地忙着手头上的工作。“有人来赠锦旗了！”前台小李的一句话，打破了整个办公室的宁静。虽说中心自成立以来已收到数十面锦旗，但每次收到当事人赠送的锦旗大家都难掩激动之情。

对方是两位中年男子，声称他们是受其董事长之托前来赠送锦旗，感谢汉博中心公正断案，还原事实。这面小小的锦旗，材质虽轻，内涵则重。它承载着当事人对汉博中心实事求是、公正不阿的工作态度的认可，对汉博中心鉴定专家高超鉴定技术的认可。

汉博中心自成立以来，始终本着科学、客观、独立、公正的原则，本着一身正气、为民服务的精神，同时不断提升自身的鉴定水平。今后也将一如既往地致力于司法公正，为维护公民、法人、社会团体的合法权益而努力。

12. 企业文化生机勃勃

(1) 相约“三八”妇女节，踏青黄龙风景区

三月正是万物复苏、春机盎然的时光，同时也迎来了一年一度的“三八”国际妇女节。浙江汉博司法鉴定所借此妇女节到来之际，特组织全体女性职工来到风景如画的黄龙风景区踏青，让各位女同胞能在繁忙的工作之余，感受大自然的美好，放松心情。

途中，大家欢声笑语，步伐矫健，将工作的疲惫抛在了脑后。大家聊天气，聊风景，聊家庭，聊孩子……其乐融融，气氛十分热烈。

经过半天的游玩，大家早已饥肠辘辘，汉博所领导细心地为各位准备了一顿丰盛的晚餐。餐桌上，大家一边品尝着美食，一边继续着下午的话题。女人之间永远有说不完的话。最后，大家共同举杯庆祝这次“三八”国际妇女节，祝福不断发展壮大的汉博所。

(2) 共享休闲时光

阳春三月，浙江汉博司法鉴定中心迎来了“三八”国际妇女节。2014年3月9日，在中心副主任梁锋的带领下，全体女同胞及部分家属代表们来到了西湖曲院风荷公园，享受休闲的时刻。

女同胞的工作离不开家庭的支持与鼓励，家人是女同胞坚实的后盾。在活

动期间，家属代表向领导表示感谢，希望中心事业发展能够蒸蒸日上。

在晚餐后返回的路上，遇见一车主因车子误入台阶不能动而向路人求救，浙江汉博司法鉴定中心的姚振波、王丞元、魏显峰三人立即主动伸出援手，帮助车主脱离困境。

此次活动有着不平凡的意义。在丰富了节日生活的同时，增进了同事之间的感情，增强了中心团队的凝聚力，传播和分享了活动中的正能量。

(3) 黄山行，汉博情

2014年6月6日至8日，浙江汉博司法鉴定中心20多位员工在中心副主任梁锋的带领下，踏上了前往著名的国际旅游城市——黄山市的旅途。

黄山是中国十大风景名胜中唯一的山岳风景区，以奇松、怪石、云海、温泉“黄山四绝”以及“黄山第五绝”——冬雪著称于世。千余年来，黄山积淀了浓郁的黄帝文化。“五岳归来不看山，黄山归来不看岳。”黄山千峰竞秀，万壑峥嵘。有名可指的就有72座山峰，其中“莲花”、“光明顶”、“天都”为三大主峰。六月的黄山层峦叠翠，绿荫遍地，奇花异草散发着诱人的芳香。中心员工在导游的带领下兴致勃勃地游览了玉屏景区、北海景区等，观赏了“蓬莱三岛”、“百步云梯”、“一线天”、“鳌鱼洞”等景观。

爬完黄山，泡泡醉温泉。躺在温热的泉水里，放松着心情，拉拉家常，聊聊未来。温热的泉水洗净了大家一天的疲劳。逛徽州老街，品徽州地道美食，领略徽州文化，中心员工满载而归。

此次黄山之旅，弘扬了企业文化，丰富了员工的业余生活，磨炼了大家的意志，不仅让大家领略了大自然的神奇风光，缓解了日常的工作压力，更让员工感受到了中心的温暖，使得团队更具凝聚力和向心力，相信大家将会以更饱满的热情投入到今后的工作中。

十年一梦，浙江汉博司法鉴定中心收获着成功，同时也播撒着希望。回首过去十年的辉煌，我们备感自豪。十年之后，我们期待她带给我们更多的惊喜和奇迹。

公正无私
科学严谨
高科鉴定
弘扬正气
科学鉴定
实事求是
公正无私
实事求是

1953
西南政法大学刑事侦查学院
研究生教学科研实践基地

中国刑事警察学院
公安部重点实验室
文件形成时间研究中心
南方基地

中国刑事警察学院
教学科研实践基地

汉博荣誉角及各种牌匾

(4) 嵊泗之行——与“家人”一同感受梦最开始的地方

2015年8月14日至16日，浙江汉博司法鉴定中心全体员工及多位专家老师在中心创始人胡祖平院长的带领下，一同前往舟山嵊泗列岛。

嵊泗列岛，即嵊泗县，位于杭州湾以东、长江口东南，由钱塘江与长江入海口汇合处的数以百计的岛屿群构成，包括大洋山、小洋山、沈家湾岛、薄刀嘴岛等404个大小岛屿，也是全国唯一的国家级列岛风景名胜区，素有“海上仙山”的美誉，具有“碧海奇礁、金沙渔火”等原生态旅游特点。

行程中，大家登上了著名的六井潭，沿着错综的木梯，感受着脚下的悬崖峭壁，耳边潮声四起。再看眼前的海景，时而柔美，时而狂舞，使百块岛礁呈现出静中有动的美感。午后基湖沙滩旁碧海如莲，美得妙不可言。大家踏着海浪，迎着海风，贪婪地享受着大自然所赠予的一切。

在这个空气中都弥漫着“海味儿”的小县，大家尝尽了当地美食，并体验了一回渔民生活，在惬意的氛围中一同度过了周末。

每年一度的集体活动不仅丰富了员工的精神文化生活，更是中心注重文化建设的良好体现。此次嵊泗之行，使员工彼此之间心相通，情相融，为更进一步凝聚团队力量，彰显团队精神发挥了积极作用。

一同进军六井潭景区

基湖海滩边的纯爷们儿

家庭组其乐融融

15. 争做社会主义法治的忠实捍卫者——胡祖平院长接受《法制日报》政法部副主任周斌的采访

2015年6月16日下午，《法制日报》政法部副主任周斌对浙江省汉博鉴定科学技术研究院名誉院长、浙江汉博司法鉴定中心首席顾问胡祖平，就司法行政部门与法院关于司法鉴定管理与使用衔接机制问题进行了专访。

采访过程中，胡祖平院长表示，汉博司法鉴定中心一贯与法院保持着良好的合作关系，尤其是自去年《关于进一步规范司法鉴定工作若干事项的意见》与《关于进一步规范民事诉讼鉴定相关工作若干问题的纪要》相继出台以来，为双方进一步增进沟通协作提供了有力的规范性依据。法院系统的大力支持与配合，必将促使鉴定机构更加注意相关制度的落实情况及完善各项监督管理，为保障诉讼活动的顺利进行提供更加优质高效的司法鉴定服务。

胡祖平院长为记者介绍文件制成时间实验室相关工作开展情况

采访现场

第二节　典型案例

1. 律师的签名被套摹（陈万全）

本所于2010年5月24日受理由××人民法院送检的、被告张某提供的《石煤供应协议》中“许贤林”签名是否由原告许贤林所写的案件。

文检鉴定专家对法院提供的检材、样本逐一比对，发现两者的书写水平、书写风格差异并不大，两者笔迹细节特征既有符合点，也有差异点。就在针对现有样本难以下结论的时候，专家组成员一边组织了解案情，认真仔细查阅案卷，一边组织人员反复研究笔迹特征，在查阅案卷的过程中发现有一份《民事诉状》中“许贤林”签名与检材签名非常相似。进一步检验，发现《民事诉状》上具状人“许贤林”签名与检材签名可以完全重合，检材签名笔迹系套摹于《民事诉状》上具状人“许贤林”签名，由此认定该份《石煤供应协议》系伪造而成。

在进一步向法院调查过程中发现，其《民事诉状》中“许贤林”签名为律师代写！此案终于水落石出。法院采纳了我们的鉴定意见，并对我们的鉴定专家在鉴定过程中表现出的认真负责、不放过任何蛛丝马迹的工作态度给予了高度评价。

附：特征比对表

委托单位		受理日期	2010年5月24日
检　　材		样　　本	
落款日期为“2009年5月7日”的《石煤供应协议》中供方代表“许贤林”的签名。		日期为“2010-4-21”的《要求笔迹鉴定申请》上申请人“许贤林”的签名。 时间：“2010年4月12日9时”的　　人民法院《民事案件审理笔录》上“许贤林”的签名。	

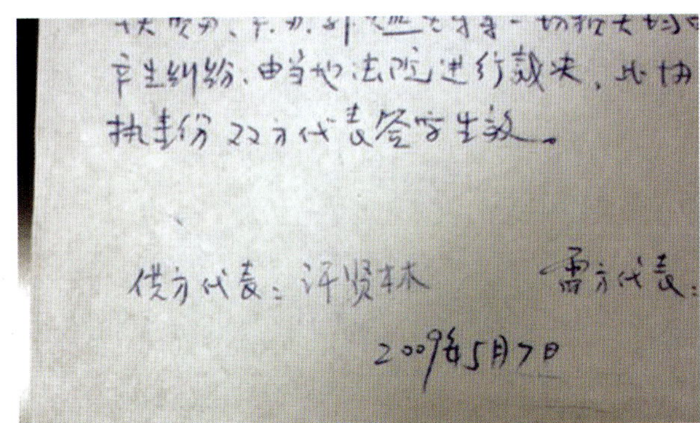
产生纠纷，由当地法院进行裁决，此协
执壹份双方代表签字生效。
供方代表：许贤林　　需方代表：
2009年5月7日

检材上的“许贤林”

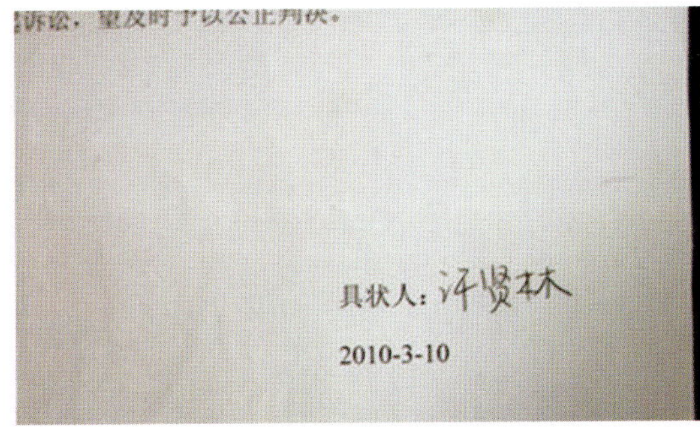
具状人：许贤林
2010-3-10

《民事诉状》上的“许贤林”

2. 就08椒江“连伟”签名案略谈老年签名笔迹与摹仿签名笔迹区别（陈明春　陈万全）

(1) 简述

笔迹鉴定案件中，老年人签名笔迹也会出现类似于摹仿签名笔迹的“慢、抖、停、描”的现象，在鉴定实践中，如何进行区别，这里结合本案做一些初步探讨。

对这份《收条》（见后附）收款人栏“连伟”签名的笔迹检验，有关单位已经做出倾向认定为连伟本人书写的鉴定意见。

“连伟”签名笔迹为蓝色油墨圆珠笔书写。本案关键症结是确认这一“连伟”签名是否为正常书写笔迹，有无较典型的摹仿笔迹特点。

此案检材检验中突出的笔迹特点是笔力飘浮。所谓笔力飘浮，当然是相对而言的。检材“连伟”笔迹中，在“连”字的走之部、“伟”字的人部及“伟”字人部与“韦”部的连接，而且在“韦”部的连接笔画也出现笔力的飘浮。在运笔上笔力分布缺乏轻重疾徐的节奏、缺乏协调性和匀称性，反映出比较典型的形神相悖的摹仿笔迹特点。

笔力分布缺乏协调性与匀称性是摹仿笔迹不可克服的矛盾，书写水平低的要摹仿书写水平高的签名笔迹，往往会画虎不成反类犬。书写运动并非是简单的肌体运动，特别是书写水平较高、有一定书写功力的人，其笔迹中笔画的粗细、着墨的浓淡均有一定的章法，书写动作连贯、流畅、形神兼备、协调统一。

本案检材《收条》落款时间为2005年，而原告连伟生于1927年，虽已八十高龄，但就所提供的其本人大量签名样本笔迹中，其书写笔迹的水平较高，有相当的书写功力。其老年人笔迹特征——总体性运笔抖动弯曲贯穿字迹笔画的始终，而且这种抖动弯曲均称协调、细腻自然。相比较检材“连伟”则暴露出运笔的生涩、迟疑，笔力轻浮与形快实慢等摹仿特点。

一般情况下，一个人的签名笔迹的书写水平要高于其本人通常的文字书写水平，这与书写、习练的机会多少有关，所以签名笔迹的书写动力定型特征也更稳定。本案检材“伟”字在书写中由于缺笔少画出现添加笔画，这一笔画应是“韦”部的第二横笔。签名笔迹出现非正常添加笔画，检验中需要警惕，而此添加笔画下笔力重、迟疑，笔画粗、着墨浓，与整体字迹“笔力飘浮”形成的反差明显，这种不正常现象，仍是暴露出摹仿笔迹自身的典型特点——形神相悖。

(2) 检验过程

落款时间为“2005.12.31”的《收条》中收款人栏“连伟”签名笔迹系蓝色油墨圆珠笔书写。笔画间虽有较多连笔，但是运笔缺乏轻重疾徐的节奏，笔力分布（笔画的粗细、着墨的浓淡）亦缺乏协调性与均称性，反映出运笔生涩、迟疑、笔力轻浮和形快实慢等形神相悖的摹仿笔迹的特点。在“连”字“车”部、“连”字与“伟”字连接处、“伟”字的“人”旁与“韦”旁的连接处、“韦”旁第三与第四笔画的环绕连接处等反映尤为明显。

经将检材“连伟”笔迹与连伟样本签名笔迹做比较检验，发现尽管两者的签名在外形上有些相似，但是在相对应部首、偏旁、笔画的连笔方式、运笔形态、起收笔细微动作等处，特别是笔力分布的协调性与均称性等深层次笔迹特征上存在差异。这些差异是本质性差异，是不同人书写文字习惯特点的体现，故构成否定同一人书写的条件。

(3) 分析说明

检材“连伟”签名在运笔中仅有些生涩迟疑，但没有抖动现象，“伟”字竖画的弯曲则是人为的故意做作，而连伟样本签名笔迹则有抖动弯曲，而且带有总体性，这是老年人笔迹的反映；同时相比较而言，样本签名笔迹比检材签名显现出有功力，这些既反映出不同年龄段的书写特点，也反映出书写功力上的差异。需要强调的是，检材“伟”字在书写中由于缺笔少画而出现添加笔画，这对于“连伟”两字书写水平较高的人来说出现添加也是不正常的。

(4) 鉴定意见

落款时间为“2005.12.31”的《收条》中收款人栏“连伟”签名笔迹不是连伟本人所书写。

附件1：本案检材、样本复印件

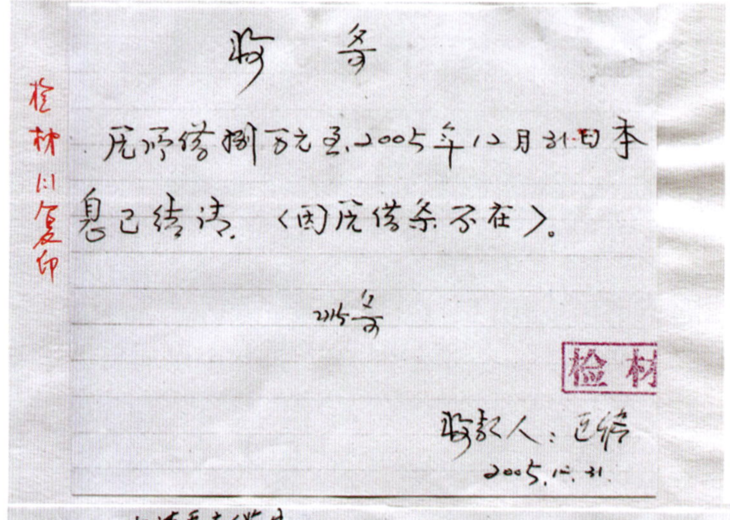

申请重新鉴定

我与罗华明借款纠纷一案，因罗华明伪造《收条》，《收条》签上“连伟”两字。(难道我自己不会写收条吗?) 妄图侵吞我的养老活命钱，实属可耻可恶！于是请求杭州司法所鉴定，出乎意料的是，鉴定意见书称：字体形态等概貌特征比较接近，但两者也存有一定的差异，认定倾向为连伟本人所写。我认为鉴定意见书不确，要求重新鉴定，还原本来事实的真相。

此致

椒江区人民法院

样本

八十一岁
退休教师 连伟 谨上
2007.12.10

附件2: 本案特征比对表

委托单位		受理日期	
检　材		样　本	
JC		YB 参考样本	

3. 两张奇怪的“欠条”（王丞元）

（1）基本案情

2013年6月3日，受某法院委托，要求对2份“欠条”进行鉴定。原因是2010年被告委托原告建造货船，期间被告陆续支付了部分造船款，建成后原告将船交付被告使用经营，2011年5月27日原被告经结算，被告尚欠原告造船款120万元，由被告出具“欠条”一份，并写明款项未付清前原告依法享有该货船的优先受偿权，款项在一个月内付清。到期后被告仍未支付，期间被告也将船舶转户转移财产。原告多次催讨，被告于年底支付了40万元，尚余欠款至今未付。原告认为，原被告间的欠款事实清楚，有被告出具的“欠条”为凭，被告尚未按约支付，逾期支付给原告的周转造成经济损失，应承担逾期赔偿责任。

（2）奇怪的欠条

被告拿着一份七零八落拼凑粘在一张白纸上的“欠条”，原告手中也拿着一份“欠条”，两份欠条，打眼一看，一模一样，无论是字迹笔画，还是排列布局，惊人相似的背后究竟暗藏着什么样的玄机？

（3）对簿公堂

本是商业伙伴，现在对簿公堂。被告向法院申请鉴定是否是原告利用原件复制形成。被告坚持该欠条是原告当着被告的面撕毁的，欠条原件始终在原告手中，当时通过肉眼无法鉴别这是否伪装，但是可以看到每个字的笔画运笔基本一致，排列、格式一模一样。因此被告认为，要复制出这份欠条，一定要有原件，否则复制将无法进行，而原件恰恰只有原告才有，只有弄清楚了欠条是如何形成的，才能还被告一个公平，因此向法院申请被告提交的“欠条”是否复制于原告所拿的“欠条”。

（4）专家鉴定辨真伪

为了搞清案件事实，给双方一个合理说法，法院委托本所对被告李某提供的“欠条”是否复制于原告邵某提供的“欠条”进行司法鉴定。汉博所专家通过对检材、样本进行认真比对，挖掘“欠条”上笔迹形成的客观因素，发现检材和样本虽然看起来一致，但笔迹的细节特征存在差别，仔细分析，检材系通过套摹样本形成，所以就造成了这惊人相似的两张欠条。

尽管被告与原告各执一词，但通过汉博所文检专家的检验鉴定，让扑朔迷离的案情变得有据可查、清晰简单。

原告苦心经营的一个骗局开始浮出水面。原告通过原件套摹了一份相同的欠条。在被告还款之时，当着被告的面将欠条撕毁。但被告此时留了个心眼，偷偷地将撕毁的“欠条”保留下来，却不想为成功地揭示出原告的骗局提供了条件。在此，汉博所的文检专家也通过这个案例提醒大家，经济纠纷案件层出不穷，“借条”、“欠条”一定要亲笔书写，签名一定要伴随指印，拿到借条或者欠条，一定要先鉴别真伪，不要轻信他人，落入别人精心设计的圈套之中。

4. 如此造假为哪般？（胡祖平）

⑴ 涉及巨额借款的14份《保证借款合同》

2013年2月，浙江某法院委托浙江汉博司法鉴定所对原告×××与被告×××建设集团有限公司民间借贷纠纷案中的14份《保证借款合同》进行鉴定。要求对14份检材中落款处“×××”签名是否同一时间签署、“×××建设集团有限公司×××分公司”印章印文是否同一时间盖印出具鉴定意见。

这14份检材涉及金额700多万元，印章印文的真假涉及借款协议中的约定对被告是否有约束力，尤其是是否存在借款关系、高额利息约定等。面对眼前材料多、案情复杂的状况，汉博所的文检专家们久久沉思。

⑵ 原被告双方各执一词

14份检材的签约日期分别为2012年2月至9月。原告称双方在借款合同中约定了相应的借款期限、违约责任等事项，其中7份借款合同约定了利息，并约定诉讼管辖地为×××人民法院。现上述借款均已过归还期限，原告多次向被告催讨未果，特诉至法院。请求法院判决被告立即归还借款7701268元，利息589318.1元，合计8290586.1元。请求法院判决被告支付实现债权的律师费232000元。

被告称原告陈述的事实不真实，原告在诉状中陈述总共14张借条，每份借条都是在协议签署时签署的，经被告核实这些借条是事后一次性签订的；原告起诉的相关的事实涉及关键人物就是该公司的负责人，目前该负责人已经逃逸，故举证存在一定困难；对于原告陈述的事实和理由被告全部不予认可。

⑶ 是非难断，司法鉴定辨真伪

检验发现，14份检材由打印文字及手写字迹组成，均按有指印及盖有“×××建设集团有限公司×××分公司”印章印文，且手写字迹均系黑色墨水笔书写，特征明显。14份检材均为格式合同，检材的打印文字内容、布局均一致。其对应相同部位甲方签字栏“×××”手写字迹笔迹特征一致，分别对应为同一人书写。用体式显微镜及法斯特VSC-6000型文检仪对上述检材进行检验，发现14份检材纸张色泽、纸张纤维形态及对应相同部位甲方签字栏“×××”手写字迹在笔墨色泽、笔画粗细等笔痕特征上均一致，14份检材上的“×××”签字是同时形成的。

14份检材中“×××建设集团有限公司×××分公司”印文的印面特征及排列方向等均一致，系同时形成。

上述鉴定意见分析全面、严谨，根据充分。相信此结论会给本案公正判决提供有力的证据。

5. 谁的合同出了问题?（胡祖平）

(1) 莫名其妙吃了官司

舒某被某机关单位告上了法院，当上了被告，理由是租赁其单位的门面房已经到期，并拖欠租金。原告的诉讼请求是：判令被告腾退《房屋租赁合同》中约定的全部房屋；判令被告支付房屋占有费128万元；判令被告负担违约金60万元；判令被告支付房屋被非法占用期间滞纳金及拖欠房租的滞纳金3.4万元；判令被告支付本案全部诉讼费用。事实与理由是，原被告双方于2001年3月18日签订《房屋租赁合同》，租期为2001年6月18日至2011年6月18日。承租期间，被告多次拖欠房租，另外，被告违反合同约定，将所有房屋转租给他人经营。合同期满后，原告多次要求被告支付租金，腾退并交回房产，以妥善处理好原被告、第三人等三方的关系。被告以合同未到期为由，拒绝腾退房产，也拒绝支付费用，造成房产被第三人非法占用至今，原告无法收回房产进行正常管理。

(2) 要求鉴定搞清纠纷

舒某感到莫名其妙，拿出自己当年签订的《房屋租赁合同》，合同上明明签订的是15年，要到2016年6月18日才到期，怎么被人告上了法庭，两份《房屋租赁合同》租期整整相差5年，究竟谁的合同出了问题？于是，舒某要求法院对两份《房屋租赁合同》进行鉴定。

(3) 第一次鉴定，难断事实真相

某法院委托某鉴定所对两份《房屋租赁合同》上的“×××”签名及两份《房屋租赁合同》是否同时形成进行鉴定。某鉴定所出具鉴定意见：两份《房屋租赁合同》上的“×××”签名不是其本人书写；两份《房屋租赁合同》不是同时形成。法庭上，这份鉴定意见并没有起到真正的证据作用，法官面对两份合同的租赁期限究竟是10年还是15年难以判断，原被告双方仍难分胜负。

(4) 第二次鉴定辨真伪

为了搞清楚房屋租赁期限究竟是10年还是15年，也就是两份《房屋租赁合同》究竟哪份合同是假的，是整个案件的关键证据。于是法院委托浙江汉博司法鉴定所对两份《房屋租赁合同》中的每一份合同是否同时形成进行鉴定。汉博所的文检专家们经过仔细认真科学地检验鉴定，最终出具了租赁期限为10年的《房屋租赁合同》经过了换页处理，不是一次性形成的鉴定意见。

这其中的玄机是被告单位所属的10间门面房，位于城市繁华路段，每月的租金可观，10年前，该路段人烟稀少，10年后，原告不忍可观的租金收入白白落入别人的腰包，于是引发了这场不该发生的官司。

6. 一起利用高端仪器鉴定从而真相大白的案例（梁锋）

××××年5月，借款人赵某向原告借款22万元，并出具了书面借据一份，约定借款于1个月之内归还，被告牛某、丽某对此《借据》作了担保。两被告与借款人当时出具给原告的《借据》中对保证期限没有任何约定，而本案中原告提交的《借据》中出现了“担保期限为贰年”的约定。被告牛某、丽某提出，该担保期限事先没有签署，为事后添加形成，故向法院提出要求对《借据》笔墨的同一性进行鉴定。

××××年10月，××法院委托我所对《借据》进行鉴定。

鉴定内容：

①《借据》内容是否为同一人书写；

②《借据》中“担保期限为贰年”字迹与前面的字迹是否同一时间形成。

本所接受法院委托后，对案情进行了充分的了解，并组织专家进行鉴定。

“笔迹形成时间鉴定”一直是文书检验鉴定的难题。目前国内主要鉴定方法有硫酸盐扩散程度的测定法、薄层色谱法、被溶解能力测定法等，主要有以下缺点：

① 鉴定的准确度不高。

② 鉴定本身会损坏字迹，很可能造成重要证据的缺失。

③ 主要运用于圆珠笔笔迹这种易出现变化的墨迹。

本所专家运用笔痕特征检验方法，结合法斯特VSC-6000型文件检验仪，对检材进行检验。此方法弥补了传统检验方法的不足（运用物理方法检测，不需要让被检字迹发生化学反应，能保证证据的完整性，并可以进行反复检验），从而使鉴定结果更为科学、准确。

由以下照片，我们可以很清楚地看到“担保期限为贰年”的字迹与前面的字迹有非常明显的区别，从而明确地认定它是由不同墨水的笔事后添加书写形成的。

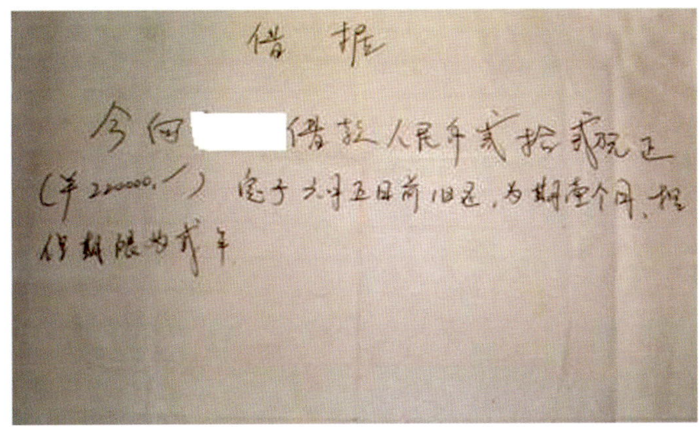

借 据

今向　　借款人民币贰拾贰万元正（¥220000.—）定于大年五日前归还，为期壹个月，担保期限为贰年

检测前的检材

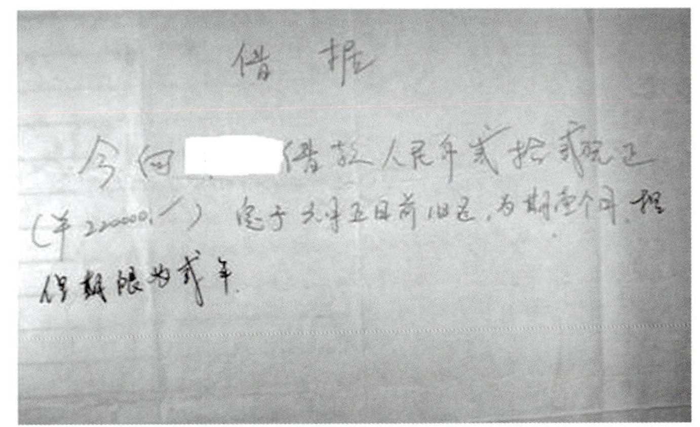

检测后的检材

通过上述图片，文检专家得出鉴定意见：

①《借据》内容为同一人书写。

②《借据》中“担保期限为贰年”字迹与前面的字迹不是同一时间形成，为事后添加形成。

本案不仅解决了文书鉴定中形成时间鉴定的难题，更为当事人挽回了经济损失，也产生了良好的社会影响。

7. 一份《说明》说明了什么？（杨彩丽）

2013年7月，浙江某法院委托浙江汉博司法鉴定中心对原告提交的一份《说明》中正文第二行“该保证金由×××垫付”的字迹与其前面字迹是否系一次性书写形成进行鉴定。初看《说明》，主要内容字迹仅两行，“该保证金由×××垫付”字迹位于第二行“由本人归还”字迹前面，那为何仅对前面部分字迹进行鉴定呢？短短《说明》究竟藏何蹊跷？

（1）案情剖析隐玄机

2013年3月，苗某将孟某告上法院，要求孟某归还30万元保证金。据苗某讲，自己是孟某的施工员，5年前孟某曾作为承包方和魏某签订了一份《装修拆除协议》，依约需在工程开始5日前向魏某支付30万元拆除保证金，协议签订当天，孟某因资金紧张，叫苗某暂为其垫付。一年后为明确垫付事实，孟某向苗某出具了《说明》一份，确认保证金由苗某垫付，并由孟某归还，但孟某至今未归还保证金。孟某则称，苗某并不是他的施工员，他与魏某签订《装修拆除协议》是事实，但工程承包之初就将该工程转给苗某，且双方签订了《转包合同》，30万元拆除保证金是苗某为苗某自己支付的。因魏某未归还30万元拆除保证金，出于起诉魏某需要，孟某遂给苗某出具了《说明》，以此证明存在支付保证金这一事实，《说明》的内容字迹均为苗某代理人书写，但孟某签名时没有“该保证金由×××垫付。由本人归还”字迹。

苗某到底是施工员还是转包人？30万元拆除保证金到底是为谁负担？双方各执一词。用于起诉魏某的《说明》为何用来起诉孟某？《说明》是否添加字迹，苗某又怎么看呢？在法院第一次庭审中，孟某要求对“该保证金由×××垫付。由本人归还”字迹是否添加进行鉴定。庭审过后，苗某转口承认“由本人归还”字迹系添加形成，但孟某认为苗某是避重就轻，逃避责任，为查明事实，依旧要求进行司法鉴定。

（2）专家检验明事实

经汉博司法鉴定中心专家检验，上述《说明》内容字迹均系黑色墨水笔书写，无伪装，且系同一人书写。运用VSC-6000型文检仪和体视显微镜观察检验，检材《说明》中“由本人归还”字迹与其他内容字迹系非同一支笔书写，“该保证金由×××垫付”字迹与其前面字迹在字迹布局、色泽、墨水流量、光源反应等方面未见明显差异，但笔力轻重不一致，即《说明》中正文第二行“该保证金由×××垫付”字迹与其前面字迹不是一次性书写形成。

汉博司法鉴定中心专家运用先进的仪器和检验手段得出的鉴定意见证明了上述《说明》的内容字迹分三次书写形成，扑朔迷离的案情背后隐藏的玄机也终于清晰明了。另有一案曾起诉魏某，法院出具了《民事调解书》，载明由魏某支付30万元人民币，但因魏某下落不明，执行法官已终止该执行案件，苗某的30万元人民币无从获得，遂引发了本案。一份字数较少的材料，同一人使用不同的笔多次添加书写较为少见，对于这类案件，就需要鉴定人摒除常规思维，认真细致、扎扎实实地实施鉴定，去发现问题所在，做出准确的鉴定意见。

8. 文痕专家公正鉴定为汉博中心再添锦旗（许明良）

2014年12月，汉博中心受理了一起浙江某法院送检的原告黄某诉被告戴某民间借贷纠纷案。

2003年，因黄某持有驾驶证，遂帮戴某开大货车。黄某与戴某接触时间久了，发现戴某勤劳肯干，便日久生情，在未办理结婚登记的情况下，两人便共同生活在一起了。2006年底戴某在充足的运输货源情况下，与黄某协商欲再购一辆货车，当时戴某资金不足，于是向黄某借款6.5万元。可惜好景不长，没想到戴某暗地里包养情人，一次偶然的机会，被黄某抓个正着。此后，黄某与戴某断绝了恋爱关系，并要求戴某立即偿还借款。因戴某资金周转困难，于2007年4月13日订立6.5万元的借条给黄某，并约定每月偿还原告3000元，直到还清为止。此后，黄某曾每月按约前去讨要欠款，戴某却避而不见。同年8月黄某因其他原因一直没有去向戴某讨要欠款，戴某也从未主动还款。5年后，黄某因生活所需，前去找戴某，要求偿还欠款，戴某拒绝与其见面。为了维护自身的合法权益，无奈黄某向法院提起诉讼。案件审理中，戴某认为黄某出具的《欠条》非他所写，认为是黄某伪造的，因而申请对《欠条》中借款人签名处“戴××”笔迹及指纹进行鉴定。

本中心受理此案后，鉴定人员认真研究了相关资料，进行了细致地比对分析。经检验，检材上借款人处“戴××”签名字迹与样本字迹比较，符合点数量多、质量高，且为本质性符合，符合点的总和反映出同一人的书写习惯。黄某出具的《欠条》中借款人签名处“戴××”笔迹、指纹为戴某书写捺印。中心及时给送检法院提交了鉴定意见书，并被法院采信，为法庭公正的审判提供了一份有力的证据。中心鉴定人员实事求是、严谨细致地完成鉴定工作，得到了当事人的称赞和认可，并获赠一面锦旗见右图。

9. “真签名”还是“以假乱真”——一起高水平摹仿签名笔迹的检验与体会（胡祖平）

（1）简要案情

原告浙江某农村合作银行扶贫开发区支行诉被告朱某等金融借款合同纠纷一案中，朱某对涉及该案的一份《保证函》中的保证人签字栏“朱建华”签名拒不承认是本人书写。于是，因某法院审理案件所需，要求对日期为“2011年3月15日”的某农村信用社联合社信贷凭证2007—029《保证函》中保证人签字栏“朱建华”签字是否为朱建华本人书写进行鉴定。

（2）检验过程和结论

在对《保证函》中保证人签字栏“朱建华”签字的检验过程中，有两位专家认为“朱建华”签字与样本比较，书写水平相当，字体、字形特征相同，笔迹细节特征基本相同，但唯一的区别是“建”字的最后捺笔笔力无轻重，分析是因书写速度所致。于是出具了《保证函》中保证人签字栏“朱建华”签字是朱建华书写的鉴定意见。

该案到此时，应该算是告一段落，但就在准备给法院出鉴定意见书做最终复核时，复核人提出了不同意见，认为“朱建华”签字在诸多细节特征上有差异。于是，专家组负责人启动专家集体复核程序，对“朱建华”签字进行集体讨论，专家们各抒己见。首先他们一致认为检材与样本比较，两者在字体、字形、大体的搭配比例特征方面相同。仔细分析两者的细节特征，如检材中“朱”字第一撇笔、第二横笔是连笔书写完成，连笔的弧度大且有运笔迟疑动作，而样本中的“朱”字第一、二笔同样是连笔，但都带角度无弧度且书写自然；检材“朱”字竖笔粗短，而样本“朱”字竖笔修长；检材“朱”、“建”两字捺笔笔力无轻重、粗短、无弧度，而样本“朱”、“建”两字捺笔笔力轻重自然、运笔带弧度；检材“建”字第一、二笔开口大，而样本无此特征；检材“建”字第二横笔运笔干脆，收笔无连笔动作，而样本“建”字第二横笔均带连笔；检材与样本中的“华”字第一撇笔运笔方向不同；检材“华”连笔弧度夸张过大，而样本“华”连笔自然弧度小；检材“朱”、“建”二字扁平，样本“朱”、“建”二字修长。通过集体讨论分析，大家统一了认识，一致认为检材与样本比较，在笔迹细节特征及笔力等深层次特征上存在差异，因此更正了以前认定的鉴定意见，认为是摹仿形成。

最后形成的鉴定意见为：“日期为‘2011年3月15日’的某农村信用社联合社信贷凭证2007—029《保证函》中保证人签字栏‘朱建华’签字系黑色墨水笔书写，字迹清晰，具备检验条件。将‘朱’、‘建’、‘华’签字置于体视显微镜下观察，发现‘朱、建、华’单字笔画连笔较多，但存在运笔迟疑、形快实慢、笔力分布无轻重等摹仿书写迹象。送检的样本数量充分，书写特征稳定，具备比对条件。将检材与朱建华书写的笔迹做比较检验，虽然两者在字体、字形、字体的搭配等特征相同，但两者在笔迹细节、笔力等深层次特征上存在明显差异，如‘朱’、‘建’、‘华’单字笔画运笔的形态，连笔的弧度、幅度，单个笔画起收笔动作等特征均不同，‘朱建华’三个字的整体风貌特征不同。”

(3) 检验体会

此案中检材属于摹仿书写形成，摹仿人书写水平极高，达到了以假乱真的程度，许多细节特征隐蔽性较强，不易被发现，极易给鉴定人造成视觉差异，做出错误的判断，我们充分利用集体智慧，经反复对检材进行深入分析，结合在显微镜下进行放大观察，逐字逐笔分析研究，将两者差异点与符合点全面对照分析，最终认为系他人摹仿形成。

对此案的检验有如下体会：

① 签名的整体性

正常的签名是一个瞬间、完整的过程，在不断练习中，书写者对签名的整体形态、名字布局等逐渐胸有成竹，由此产生的整体趋势应包括笔画、字间的意连和呼应关系，这种意连就会在整个签名体系中不断地固定下来并随之稳定发展。而在摹仿笔迹中，摹仿人在摹仿书写过程中，既要仔细观察被摹仿人笔迹，又要控制自己的书写习惯，因此，签名中笔画、字间的意连和呼应关系的整体趋势得到破坏，从而形成检材与样本虽然在字体、字形和字体的搭配关系等方面特征相同，但在笔迹的深层次特征上存在差异，这就需要鉴定人善于判断分析，不被表面现象所迷惑，分析哪些是书写人固有的书写习惯，研究本质性与非本质性特征，全面比较符合点和差异点，从而做出正确的判断。

② 在单字、偏旁、笔画上认识书写人的书写习惯

把相同字、偏旁、笔画归类反复对比分析，找出书写人规律性的书写动作特点，以此把握书写人的书写习惯。如本案中的“华”字撇笔运笔特征就很特殊，检材中“华”字撇笔自下而上，而样本中所有的“华”字撇笔都是自上而下，这种运笔特征就是本质性差异。

③ 要善于把握笔力特征价值的应用

所谓笔力，就是书写活动中，用笔力度的轻重表现。本案中的笔力特征始终贯穿于整个“朱建华”签名的全部过程，检材中“朱”、“建”、“华”三个字的所有笔画笔力均无轻重缓急，而样本中“朱”、“建”、“华”三个字的所有笔画笔力轻重缓急有节奏，运笔连贯自然。笔力特征在本案中有极高的应用价值，对“朱”、“建”、“华”三个单字笔画笔力特征的把握与否，是此案判断的重要依据。

附：特征比对表

特征比对表（一）

<table>
<tr><td>委托单位</td><td>温州市龙湾区人民法院</td><td>受理日期</td><td>2012年7月17日</td></tr>
<tr><td colspan="2">检　材</td><td colspan="2">样　本</td></tr>
<tr><td colspan="2"></td><td colspan="2">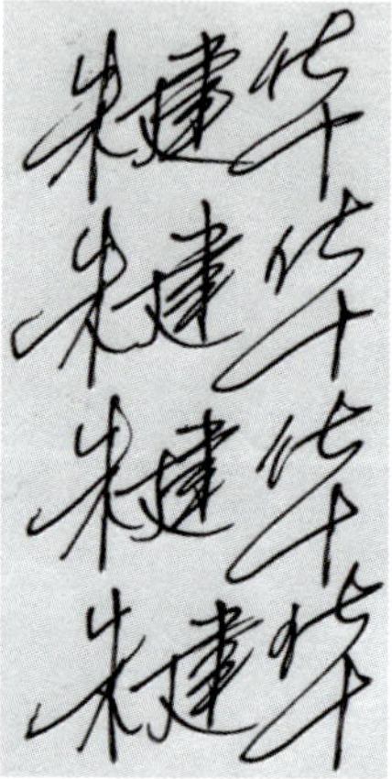 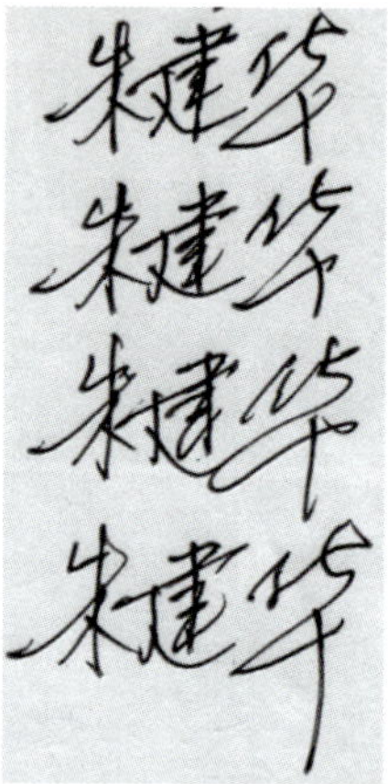 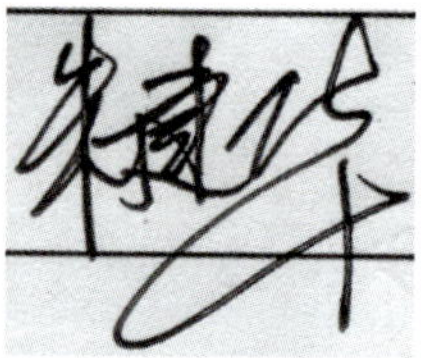 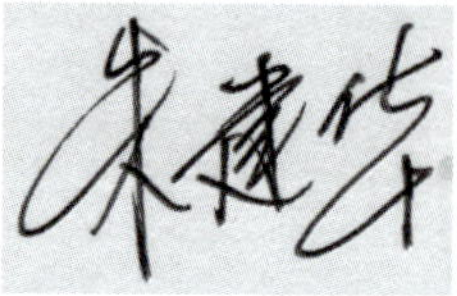 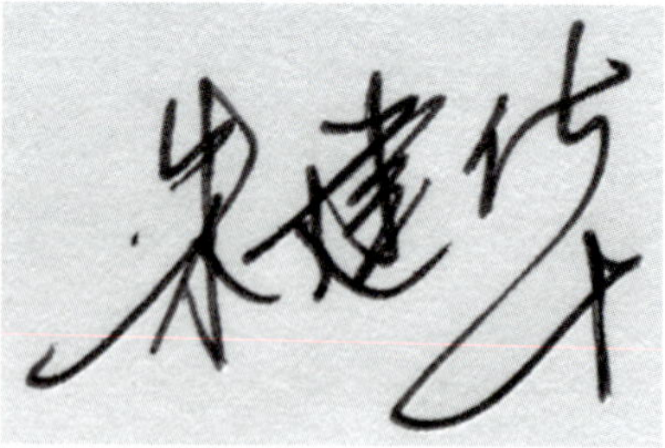</td></tr>
</table>

特征比对表（二）

委托单位	温州市龙湾区人民法院	受理日期	2012年7月17日
检 材		样 本	
检材 样本			

10. 系统检验法检验疑似换页文件1例（魏显峰　胡祖平）

辩证唯物主义认为，物质的世界是由无数相互联系、相互依赖、相互制约、相互作用的事物和过程形成的统一整体。文件物证也不例外，任何文件物证都是各种相关要素相结合的结果。将系统检验理论运用到换页文件检验中，不仅可以弥补单一检验方法的不足，同时也可以提高检验结果的可靠性和准确性。

(1) 案情简介

2011年8月，浙江省某市人民法院送检一起原告浙江××鞋业有限公司诉被告聂××合同纠纷的案件。被告在庭审过程中称，原告向法庭提交的证据《代理协议书》被原告篡改过。为弄清案件有关事实，法院遂委托我所对《代理协议书》的第二页是否存在换页及第二页中合同有效日期处的手写文字是否存在篡改进行相关司法鉴定。

(2) 检验过程

① 案情分析

鉴定人员在翻阅法院送检卷宗中的《庭审笔录》中得知：2009年1月1日，原告浙江××鞋业有限公司与被告聂××签订了《代理协议书》，此份协议书一式两份，甲、乙（原、被告）双方各执一份，被告声称自己的一份已丢失。被告对原告向法庭提交的《代理协议书》第二页中的合同有效期存在异议，认为被原告篡改过；但对于《代理协议书》中所有“聂××”的签名，被告聂××均表示认可。所以，此案的焦点就落在这份协议书中合同有效期的手写文字是否存在篡改。那么此案无非有三种可能：第一，此份协议书是真实的；第二，此份协议书第二页中的合同有效期文字是经过篡改的；第三，此份协议书的第二页被换页。

② **初步检验**

经检验，检材系利用标准A4打印纸静电复印形成的《协议代理书》，共计四页，即封面和第一、二、三页，未加盖骑缝章，也未发现采用其他密封手段进行密封，签订日期为2009年1月1日。检材封面、第一页乙方处均有被告聂××利用蓝色油性圆珠笔书写的其本人的签名，检材第二页合同有效期空白处系利用黑色签字笔填写的阿拉伯数字。四页纸张光洁平整，无污染，无褶皱，未见明显人为老化痕迹（见下图）。

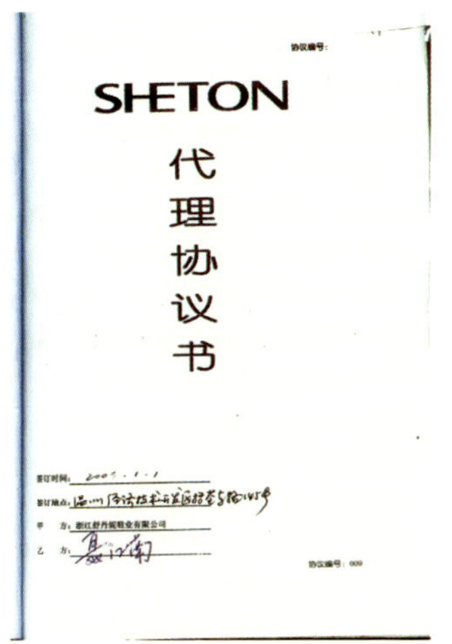

SHETON

代理协议书

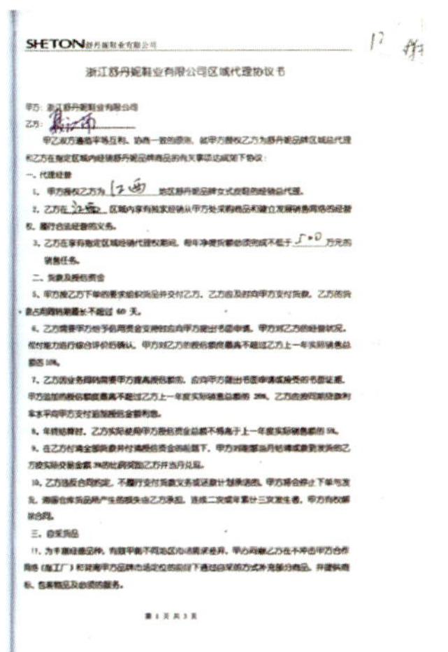

SHETON

浙江舒丹妮鞋业有限公司区域代理协议书

③ 手写字迹检验

利用法斯特VSC-6000型文件检验工作站进行检验，发现合同有效期处的手写文字对文检仪的光源反应一致，未见明显异常。在体视显微镜下进行检验，发现检材第二页中合同有效日期处的手写字迹书写自然、流畅，笔迹的抑压痕迹自然，未发现手写文字有添改变造的迹象，手写字迹周围的纸张光洁平整，也未发现有纤维翘起等擦刮、消退痕迹。

通过上述检验可以排除合同有效期空白处的手写文字存在篡改的可能，所以此案的重点就落在检材是否存在换页上。接着，检验人员对检材第二页是否存在换页进行了全面、细致的检验。

④ 装订痕迹

由于检材被装订在法院的送检卷宗中，故无法从装订痕迹上确定检材的装订方式及检材的装订装置是否存在被破坏的痕迹。

⑤ 布局、字体检验

利用Photoshop图像处理软件对检材扫描图像进行测量检验，发现除封面外，其他三页检材的上下左右边距、行距均一致。在显微镜下对除封面外的其他三页检材中相同字迹进行比对检验，未发现三页检材字体有明显差异（见下图）。四页纸张上残留的复印机墨粉颗粒分布杂乱，四页检材纸张之间均不一致，故无法从底灰特征上确定检材是否存在换页。

第一页　第二页　第三页

⑥ 纸张检验

肉眼观察，检材四页纸张的色泽没有明显区别。经测量后发现检材四页纸张规格相同。镜下观察，未发现四页检材纸张的纤维形态存在明显差异。

(3) 专家会诊

经对检材的各个要素进行检验，专家均未发现存在换页的痕迹。但是，没有发现检材存在换页的痕迹并不能认定检材没有存在换页的事实。鉴于本案的涉案标的额度较大且极具复杂性，为稳妥起见，我所启动重大、疑难案件讨论会诊程序，在第一时间内组织专家对此案进行会诊，避免盲目地出具鉴定意见而导致误检。

在会诊中专家们发现，检材封面、第一页纸张上乙方处均有被告“聂××”的签名，且签名字迹运笔较重，是否能从笔压特征入手？在法斯特VSC-6000型文检仪下采用侧光对检材上的潜在压痕字迹进行检验，发现封面乙方处“聂××”签名字迹的压痕压在了检材第一、二页上，但第三页上的压痕不是非常明显；检材第一页上乙方处“聂××”签名字迹的压痕压在了检材第二、三页上。将检材上的潜在压痕字迹处理后与相应的字迹进行比对检验后发现，两者在倾斜方向、间架结构、对应位置等特征上均相一致，可以排除伪造压痕的可能（见下图）。至此，本案真相大白，水落石出。检材《代理协议书》第二页没有经过换页，且检材第二页中合同有效期空白处的手写文字也未经过篡改。

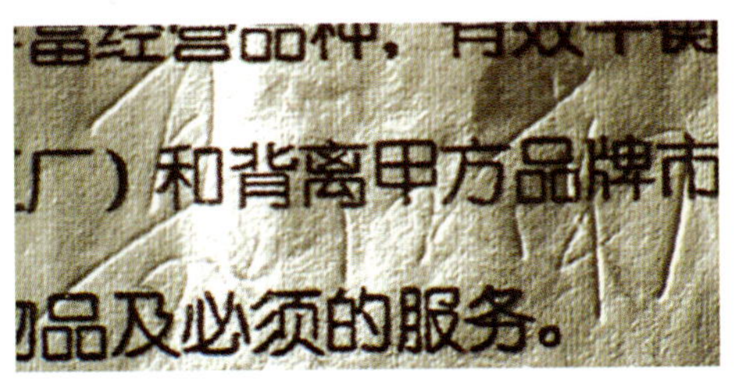

第一页压痕

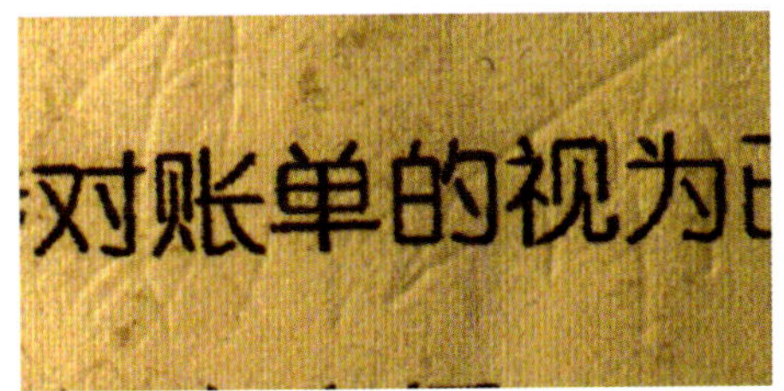

第二页压痕

(4) 办案体会

本案是笔者在实践中亲身经办的真实案例，可以说，此案的鉴定意见是科学公正的，是经得起实践验证的。从某种程度上讲，本案确实具有一定的复杂性，但并不算疑难案件。笔者想借此案谈几点体会：

首先是妥善保存文件物证。文件物证作为认定案件事实的依据，必须妥善保存，任何不正确的保存方法都有可能破坏其所具备的检验条件，甚至给检验人员带来错误的信息，导致错案发生。无论是承办法官还是鉴定人，都应正确妥善保存文件物证。

其次是建立复杂案件专家会诊制度。鉴定机构应建立复杂案件会诊制度，对比较复杂、疑难的案件，及时组织专家会诊。不同的鉴定人由于其知识结构不同、工作经历不同，对案件的看法也不尽相同。建立专家会诊制度，能有助于鉴定人对案件有更全面、更深入的认识。

再次是鉴定人应不断提高自身的检案水平。随着科技的进步，各种作案手段不断翻新，伪造、变造文件物证的技术也在不断地提高。鉴定人应不断加强自身专业知识的学习，及时了解行业内最新的科研成果，了解行业内新型作案手段和解决的办法。

最后是牢固树立系统检验的思维。系统检验，就是从构成文件的各要素及相互联系上，从多个角度对文件物证作出鉴别和判断。本案就是运用了这一方法，从笔压的角度成功认定了案件的事实。另外，也可以避开难题，从文件物证其他的要素方面进行检验，往往能达到事半功倍的效果。

11. 一起添加打印变造文件的检验（魏显峰　胡祖平）

随着办公自动化的不断普及，人们在日常工作交往中使用打印机打印合同、协议、证明等文件的概率也大大增加。科技进步给人们生活带来便捷的同时，也使得一些不法分子有机可乘，用打印机对原文件上的内容进行追加打印，就是较为常见的变造文件类型之一。此类案件隐蔽性较强，检验难度较大，所以笔者从实际出发，归纳总结了追加打印变造文件的几种比较准确的检验方法，以供同行探讨、交流。

（1） 基本案情

2012年12月，浙江省某市人民法院送检一起离职证明纠纷的案件，要求对送检的《浙江××展览股份有限公司离职证明》中第二段打印文字与第一段打印文字是否一次打印进行鉴定。

（2） 检验过程

① 外观检验

经初步检验发现，检材是一份利用激光打印机打印在A4打印纸上的《浙江××展览股份有限公司离职证明》，共一页，落款日期为2011年9月1日。肉眼观察发现，检材纸张光洁平整，无污染，无褶皱，未见明显人为老化痕迹。在体视显微镜下观察，未发现检材纸张有纤维断裂、翘起等擦刮、消退痕迹。检材落款处留有一枚“浙江××展览股份有限公司”印章印文，墨色浓淡不均，分析是蘸取普通印油所盖印，与落款处部分打印文字相互重叠（见右图）。

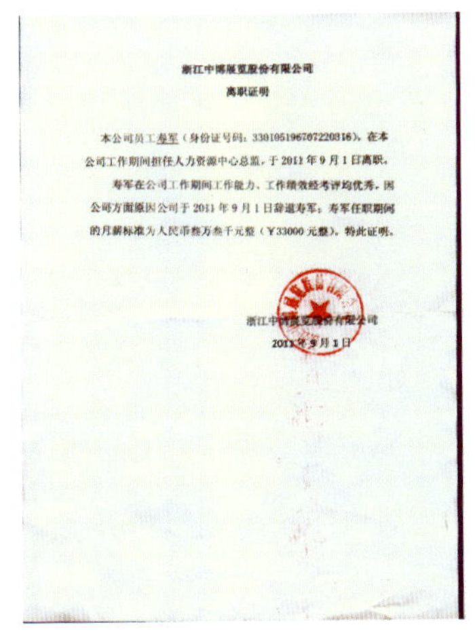

浙江中博展览股份有限公司

离职证明

本公司员工寿军（身份证号码：330105196707220316），在本公司工作期间担任人力资源中心总监，于2011年9月1日离职。

寿军在公司工作期间工作能力、工作绩效经考评均优秀，因公司方面原因公司于2011年9月1日辞退寿军；寿军任职期间的月薪标准为人民币叁万叁千元整（￥33000元整），特此证明。

浙江中博展览股份有限公司

2011年9月1日

② 字体检验

将检材以800dpi像素扫描成图像质量较高的图片，利用Photoshop CS4图像处理软件进行观察检验，发现检材中第一段和第二段中的相同打印文字墨色相同，但两段打印文字的字体细节特征不同，且字体周围的弥撒性打印墨粉颗粒不一致，系不同打印机打印形成（见下图）。

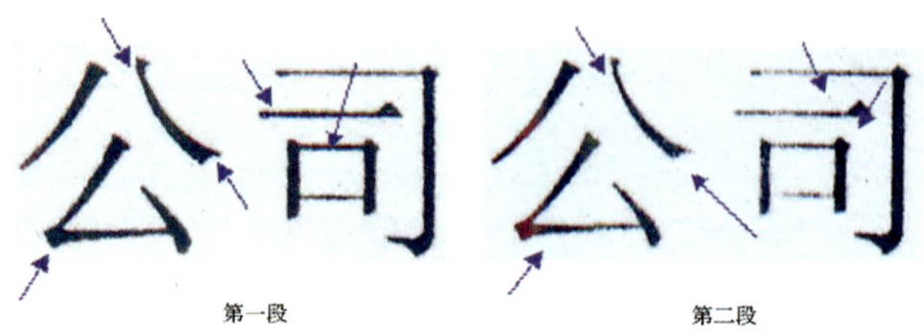

第一段　　第二段

③ 划线检验

利用Photoshop CS4图像处理软件对检材图像进行划线检验，发现检材第一段和第二段文字的左右边距、字行的倾斜方向均不相同（见下图）。

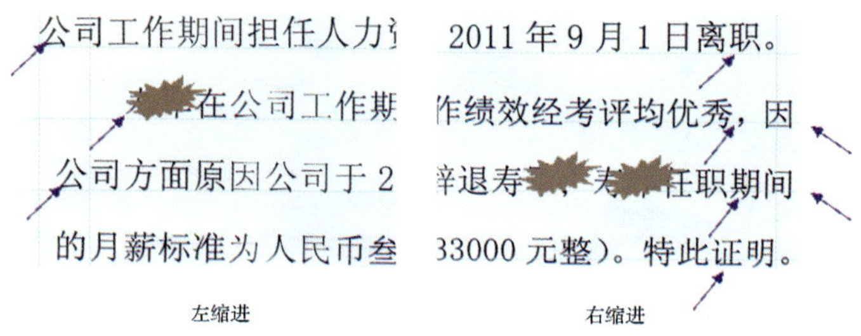

左缩进　　右缩进

④ 转印痕迹

检验同时发现：检材落款处红色印文下方，规律性地出现两处印文转印痕迹，两处印文转印痕迹与红色印文纵向排列，且三者间距一致，从检材纸张的折叠痕迹来看，可以排除两处印文转印痕迹由纸张折叠造成（见右图）。

经过系统检验后我们提出检验意见：检材《浙江××展览股份有限公司离职证明》中第一段和第二段打印文字不是一次性打印形成。

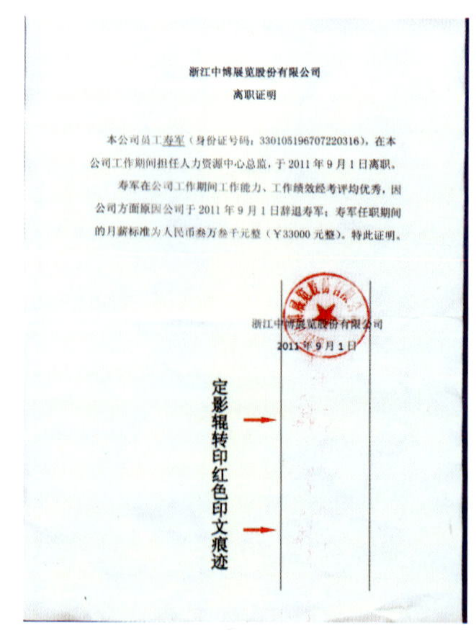

浙江中博展览股份有限公司

离职证明

本公司员工寿军（身份证号码：330105196707220316），在本公司工作期间担任人力资源中心总监，于 2011 年 9 月 1 日离职。

寿军在公司工作期间工作能力、工作绩效经考评均优秀，因公司方面原因公司于 2011 年 9 月 1 日辞退寿军；寿军任职期间的月薪标准为人民币叁万叁千元整（￥33000 元整）。特此证明。

浙江中博展览股份有限公司

2011 年 9 月 1 日

(3) 追加打印变造文件的检验方法

追加打印文件，是指同一份文件上的内容字迹经过两次或两次以上电脑排版设定、打印机打印输出形成的一种变造文件。采用这种追加打印的方式变造文件，必然要将纸张再次置于打印机内经过再次进纸、走纸重新打印，这同时也必然会形成区别于一次性打印形成的二次打印特征。笔者以本案为例，从字符特征、墨迹分布特征、行边距特征、转印特征四个方面介绍追加打印变造文件的检验方法。

① 字符特征

各种文字符号均出自于字库，不同字库系统之间都存在差异。概括地讲，不同种类的打印机打印形成的字符细节特征差异明显；同种类不同台打印机打印形成的字符细节特征不同，即使是同一台打印机，在不同阶段打印形成的字符细节特征也不会完全一致。在检验时，可以采用Photoshop图像处理软件进行重叠比对检验。

② 墨迹分布特征

墨迹分布特征是指打印文字的色料在纸张上的分布状态。当追加打印内容经不同打印机追加打印或由同种但不同型号的打印机追加打印时，由于不同打印设备所采用的工艺和色料不同，致使追加打印文字与原有文字各自存在规律性墨迹分布特征。在体视显微镜下应注意观察：激光打印文件字迹墨粉颗粒粗细及颗粒间隙的大小、笔画边缘散落的墨粉颗粒形态等；喷墨打印文件的浓度和反光度、笔画边缘溅墨形态、方向及露白特征等；还有针式打印文件的色料的深浅、针孔数、大小、深度等。通过比对检验，如果发现两者的墨迹分布形态存在明显差异，则说明两者不是同一台打印机打印形成，即可判定追加打印的事实。

③ 行边距特征

一次性打印文件，无论采用自动走纸还是手动送纸的方式，从开始走纸到打印结束，同一页文件上的字、行之间相互平行、边距相同，整行字的倾斜角度始终保持一致。但对该页文件进行追加打印内容时，由于很难保证纸张位置的精准度，加上打印机走纸结构在工作中产生的机械误差，不可避免地会在字、行的倾斜角度上形成细微的差异。检材检验过程中，可以采用Photoshop图像处理软件进行划线检验。

④ 转印特征

一般情况下，一份文件的落款处会加盖印文对文件内容的真实性予以确认。二次追加打印时，文件会再次被送入打印机。如果追加打印方式采用激光打印机打印，可以观察文件上的印文是否存在转印情况。以本案为例，落款处印文下方出现周期性转印情况，是因为红色印文色料在经过激光打印机定影辊时，在定影辊的高温及压力下，印文的部分色料被黏附到定影辊表面，当定影辊转到下一圈时，定影辊表面的印文色料被转印并固定在文件用纸表面。一旦印文正下方出现周期性的印文转印痕迹，就能得出先加盖印文后经过激光打印机打印的结论。

12. 庭审答询技巧与实务（胡祖平）

鉴定意见是证据体系中的一个重要组成部分，它在我们大陆法系中以其专业权威性在庭审中被法官广泛采纳，在英美法系中被规定为专家证言。鉴定人出庭质证的法律也在不断完善。如《刑事诉讼法》第一百八十七条规定，“公诉人、当事人或者辩护人、诉讼代理人对鉴定意见有异议，人民法院认为鉴定人有必要出庭的，鉴定人应当出庭作证”。同时规定，“鉴定人拒不出庭作证的，鉴定意见不得作为定案的根据”，对鉴定人不出庭的证据效力作了限制。当事人有异议的鉴定意见需法庭质证后才有可能作为证据被采纳，法庭也借此增进庭审的透明度、公正性。庭审要透明，必然呼唤鉴定人出庭制度的全面实施。由此可见，鉴定人出庭的重要性越发凸显。下面结合笔者多年的实务经验，和大家分享鉴定人出庭质证的技巧及相关问题。

(1) 鉴定人出庭质证的概念、必要性及法律依据

① 鉴定人出庭质证的概念

质证是在法官的主持下，公诉人、被告人、当事人、辩护人、代理人及其他诉讼参与人，采用询问、质疑、辩驳等核实方式，对鉴定提出的问题，进行质辩的活动。质证的目的是为了充分审查鉴定意见在程序及实体上的客观性、合法性、关联性和证明力大小与有无，从而完成法庭对证据的调查，并解决诉讼参与人对证据的疑问。

② 鉴定人出庭的必要性

鉴定意见作为证据的种类之一，和案件其他证据一样，只有经当庭出示、辨认、质证等法庭调查程序查证属实，才能作为定案的依据。鉴定人出庭的实质是通过当事双方及法官对鉴定人的发问来调查核实相关问题从而帮助法庭查明事实，有利于贯彻法庭审理的直接言词原则；同时有利于鉴定人增强责任心，避免随意提供鉴定意见乃至伪证；保障诉讼参与主体的质证权，是审判公正的需要和维护司法公正的必然要求；鉴定意见的瑕疵可以

被及时发现并得到纠正、补充，当事人对鉴定意见的疑问可以得到全面、科学、合理的解释，从而增强当事人对鉴定意见的信任，避免多次鉴定，可以提高案件的审结率；如果鉴定人不到庭作证，对于当事人不利的鉴定意见，当事人无法有效行使质证权，甚至可能导致错误的鉴定意见被采纳，最终的结果自然是对公正审判目标的背离。

③ 鉴定人出庭质证的法律依据

2005年10月1日颁布的《全国人大常委会关于司法鉴定管理问题的决定》第十一条规定：在诉讼中，当事人对鉴定意见有异议的，鉴定人应当出庭作证。

2013年1月1日实施的《刑事诉讼法》第一百八十七条规定：公诉人、当事人或者辩护人、诉讼代理人对鉴定意见有异议，人民法院认为鉴定人有必要出庭的，鉴定人应当出庭作证。经人民法院通知，鉴定人拒不出庭作证的，鉴定意见不得作为定案的根据。

《民事诉讼法》和《行政诉讼法》中也有相应规定。

④ 鉴定人出庭质证程序的启动

是否启动鉴定人出庭质证程序，是当事人的权利。一般情况下，须由当事人向法庭书面申请鉴定人出庭，经法庭准许并通知鉴定机构，从而启动鉴定人出庭质证程序。

(2) 鉴定人出庭技巧

鉴定人出庭关系到鉴定意见的公正性、鉴定意见能否被采信为证据，关系到鉴定事业的前景，是很重要的一个程序环节。因此，需要掌握一些出庭技巧。

① 出庭前的准备

要想完成出庭任务，就必须清楚每一次出庭的内容和要求，明确出庭时间，确定出庭人员，利用庭审前的一两天时间准备好庭审案件的相关材料。

（i）准备出庭材料。接到出庭通知后，立即将原鉴定档案材料调出，熟悉全部内容，认真回忆原鉴定时的每一细节，翻阅有关记录，审查检验数据是否齐全，核查检验结论表述是否规范，检查鉴定书是否有漏洞，并复制全部材料。

利用这段时间仔细研究当事人及辩护律师对鉴定可能提出的疑点、难点和争议的焦点。从正反两方面分析庭审过程中可能会提出的有关鉴定方面的问题，列出清单，准备好答辩材料，以答题形式进行书面准备。鉴定人要做好这些准备，以便在准备材料时做到“有的放矢”。

常见质询问题，比如鉴定程序(有些还有鉴定前听证会)是否合法、送检材料是否齐全、鉴定机构及鉴定人员是否具备鉴定资格、鉴定人是否具备相应专业知识、检验技术甚至分析推理合不合逻辑、鉴定中有无徇私情况等要点以及实体内容方面的询问。一般当事人多提问程序性问题，但是，随着社会发展，有越来越多的当事人可能会提出水平很高的实体问题。对于大案要案，还需要了解鉴定意见在案件中的地位和作用，把握好质证要点与重点，要慎重对待，不可轻率。

（ii）证件准备。法庭进入质证程序，鉴定人出庭后首先接受身份和资质的审查认定，鉴定人依据要求出示自己参与鉴定的合法手续与资格，包括鉴定机构执业执照、鉴定人执业证、鉴定人职称证、相关专业资格证书等，尤其前两项是出庭时必须出示的。通过资格的法庭认定说明身份，如果证书过期或没有出示，都会影响到鉴定意见的法庭采信。

（iii）心理准备。在接到出庭通知时，鉴定人要有自信心，要学会解除当事人对其鉴定能力的质疑，树立必胜的信心。在平时就要多找机会锻炼，培养良好的心理素质，沉着、冷静、不急不躁，以保证质证效果。当然，这些都是建立在客观、科学、准确、公正鉴定基础上的，也是鉴定的生命。

② 质证疑点的答辩技巧

首先是对质型询问的技巧。对质不是辩论驳斥，而是法官通过双方专家的回答判断是非。当某个专门性问题存在多份鉴定意见，而鉴定人的意见又互相矛盾时，法庭可以安排鉴定人之间的对质，由双方互相阐明自己做出的鉴定结论的真实性和可靠性，在辩论中可以检验不同的鉴定人对该问题的研究水平，使鉴定意见的不合理之处得以暴露。当对方对你的鉴定意见存在异议时，有时会提出非常尖刻的问题。只要抓住问答的技巧，就能掌握主动权。对质要力求简短。针对他人鉴定书的不科学成分设置几个问题，让对方解释，从而发现问题，但发问的内容应当与本案的鉴定有关。

其次，交叉型询问的技巧。交叉询问曾被美国誉为对抗式庭审中最精彩的部分。我国《刑事诉讼法》的修改借鉴了对抗式庭审的许多规则，对于鉴定人的交叉询问可以从以下几个方面进行：先由提出鉴定（公诉人或辩护人）的一方对鉴定人进行主询问，鉴定人可以宣读鉴定报告，然后由对方进行反询问，就其中有争议的问题向鉴定人提出质疑；接着再由提出鉴定一方对鉴定人进行再主询问，以恢复鉴定结论的证明力；然后由对方进行再反询问。询问的次序由双方当事人协商决定，在不能决定时由审判长决定。此外，交叉询问应当遵循一定的规则，如在反询问中，应当遵循禁止诱导性询问的规则。鉴定人要防止辩护人设置陷阱，不要轻易回答明确的问题，也不要轻易得出肯定性的结论，甚至可反驳对方对一些常识问题的无知，争取质证的主动权。对于这种询问，事前要加强同当事人双方、诉讼代理人和辩护人的沟通，认真听取辩护律师提出的意见，可以拓展思路，权衡案件证据，并可采纳辩护律师提出的正确观点，并明确控辩双方法庭辩论的焦点，有针对性地做好辩论的准备工作，掌控法庭辩论的主动权。

最后，鉴定人与专家辅助人平等对抗技巧。鉴定人通过出庭与有专门知识的人(辅助专家证人)面对面辩论，澄清“专门”问题疑点。在鉴定意见中，经常会遇到一些晦涩难懂的专业术语。这些专业术语势必成为双方辩论的焦点，对方一定会抓住鉴定意见中出现的漏洞，看专业术语的应用是否恰当，看鉴定人对专业术语的理解如何。这时候在回答对方问题时，切忌长篇大论，力求言简意赅，只对涉及的专门问题做出回答，与鉴定无关的问题拒绝回答，否则会暴露问题。不能纠缠局部问题，你面对的是有专门知识的人，一旦对某一问题解释不清楚，无休止的纠缠只能使你陷入尴尬的境地。要防止对方给你设“圈套”，属于当前学术界尚无定论或者有争议的问题，可以“未经科学证明或确认不能作为司法鉴定的依据”予以答复。有时候对方会针对一些仪器设备提出专门问题，这时候你对鉴定书中所涉及的仪器设备的功能、应用情况要了解清楚。回答问题时不要夸大其功能，应实事求是地阐述问题，使相关诉讼参与人了解由这些仪器、设备所作出鉴定意见的科学性。通过这种平等对抗的形式，就鉴定意见疑点进行答辩，从专业角度探讨专业问题，从而对法官采信鉴定意见提供参考。

③ 鉴定人出庭时应注意的事项

鉴定人出庭时应着正装，仪容端正，举止文明。质证过程中要遵守法庭纪律。在法庭上要讲普通话，口齿清楚，语言坚定。回答问题要简明扼要，注重条理性、逻辑性，有理有据，要避免含糊其辞、前后矛盾。回答问题时仅限于鉴定的范围（即与鉴定有关联性的问题）。当对方使用攻击性语言或无理刁难时，不要落入对方利用激恼的心理战术使鉴定人陷入思维混乱而错误抢答的“圈套”，而要控制好情绪，立即请示审判长予以纠正、制止。

确认笔录，质证结束后法庭要提交鉴定人签名确认。这时鉴定人要仔细阅读庭审笔录，认为无误后方可签字确认，不能疏忽大意，对笔录有错误的地方可要求改正，改正的地方要按捺指印确认。

质证结束，鉴定人得到法庭许可后应立刻退庭，不要拖延。鉴定人退庭意味本次质证结束。注意，未经法庭许可擅自退庭将可能致使鉴定意见不被采信。

(3) 鉴定人怎样在出庭中使自己立于不败之地

我们知道，鉴定意见作为诉讼证据之一，质证时必须紧紧围绕其真实性、合法性、关联性和证明力大小与有无，并紧扣鉴定专业知识和涉及的案件事实来进行鉴定说明和接受质询。另外，鉴定人质证具有被动性特征，也就是只针对发问者提问的问题做出回答，未被提问或质疑的其余部分一般被法庭默认为无异议而加以采信，鉴定人无需作额外解释。但是，需要强调的是，对于关键的问题的错误答复或拒绝答复也可能导致整个鉴定被否认的后果，必要时应加以说明。

鉴定人出庭的任务和目的就是要证明鉴定意见的科学性和证据效力，要想出庭作证成功，必须对专业精益求精，作出的鉴定意见无懈可击，才不会被人击败。要想做到这一点，鉴定人在日常工作中应加强专业知识的学习，熟练掌握本专业的各项技术要求。受理鉴定要严格按照程序规定，鉴定时要选择正确的方法，规范操作，客观分析，科学论证，使做出的结论经得起推敲。要保存好相关的检验记录、图谱等，出具的鉴定文书要符合规范的格式要求。对所做过的鉴定要不断总结，对专业知识和检验技术、方法要及时更新，不断提高检验鉴定水平。正因为法医事业是法学与医学结合的学科，在注重专业知识和技术能力提高的同时，还要加强对于办案程序规则、相关司法解释等相关法律知识的学习。只有这样，才能使自己立于不败之地。

对我们鉴定人来说，首先在于平时积累扎实的理论功底和实践经验，练就“激光眼”、“显微眼”、“透视眼”，集合成鉴定人的火眼金睛；其次要自信还原真实的能力，正义一定战胜虚假和邪恶；最后，必须深入细致地分析和调查，鉴定意见既要突出重点，也不要忽视次要问题的细枝末节。回答质询时要分轻重缓急，切忌眉毛胡子一把抓。要避免回答失误而授人以柄陷于被动，特别注意设伏的提问，要灵活应变。答复质询的技巧也需要通过平时积累的扎实的理论功底来发挥作用，就算表达能力不强，也一样能够稳操胜券。

13. 磨掉的“指印”（应松松）

2014年4月，浙江汉博司法鉴定中心受理了一起沈某诉钱某等七被告民间借贷纠纷案。原告沈某与钱某等被告签订了《保证借款合同》，被告盛某等人承诺为借款方提供连带责任担保并签订《保证函》。合同到期后，被告钱某未按约还款。无奈，沈某向法院提起诉讼，要求钱某等被告归还借款，同时要求保证人承担连带清偿责任。然而被告盛某却说自己从未给该笔借款提供担保，认为沈某提供的《保证函》中“盛××”的签名非其本人所签，指印也非其本人所捺。

因鉴定需要，2014年4月盛某来我中心捺印了指印样本，经初步检验，认为盛某右手食指指印样本纹线模糊不清，特征较少，无法比对，其他九指指印纹线均较清晰，并排除了其他九指捺印的可能性。细心的鉴定人员发现，盛某的右手食指有人为故意磨损的迹象。由于磨损过的指印纹线需过2个月左右才能重新捺印，后期如何顺利取到当事人的指印是决定本案能否鉴定的关键。在通知盛某采样的过程中，盛某以各种理由推脱搪塞鉴定及法院办案人员，不配合提取指印。中心鉴定人经过与法院沟通，希望承办法官以案件需要为由，通知盛某前往法院。在其不知情的情况下，鉴定人员也前往审判法庭，盛某在看到我中心鉴定人员得知要采样后，仍以各种理由拒绝配合，经鉴定人及法院办案人员强烈说教下，最终盛某无奈配合采样。

提取样本后，我中心痕迹鉴定人发现补充捺印的盛某右手食指指印在中心及上半部花纹反映比较完整、纹线清晰，细节特征稳定，具备比对条件。经鉴定，最终确认检材《保证函》中保证人（签字）栏“盛××”签名处的指印是盛某右手食指所留。此案为维护当事人的合法权益助了一臂之力，法院判决采信了本中心的鉴定意见。法院对鉴定专家全力协助法院，实事求是的科学态度，公正严谨的工作作风给予了高度的评价。

14. 一起典型的利用高端仪器辅助痕迹鉴定的案例（应松松）

(1) 简要案情

2015年4月×日，浙江汉博司法鉴定中心受理了一起原告中国邮政储蓄银行股份有限公司××支行诉被告陈某等借款合同纠纷案。2011年4月，原告与被告黄某、赵某签订个人额度借款合同，被告陈某承诺为借款方提供连带保证责任并签订《个人最高额保证合同》。2013年11月，被告黄某、赵某依借款合同向原告申请贷款，原告于当日向被告黄某银行账户发放贷款本金。后因被告在偿还了前11期部分利息后，拒绝支付剩余本金及利息，并经催讨仍未还款。原告于2015年1月向被告宣布剩余贷款全部提前到期；并向法院提起诉讼，要求陈某等被告归还借款，同时要求保证人承担连带清偿责任。然而被告陈某却说自己从未给该笔借款提供担保，认为原告提供的《个人最高额保证合同》中第四页乙方签名处“陈×”的签名非其本人所签，指印也非其本人所捺。

(2) 检验过程

受理此案后，本中心痕迹鉴定人仔细分析了相关材料，发现检材为红色捺印指印，所遗留的部位是指印上半部花纹，纹线较淡，如若按照当前的状况直接对比，则检材不具备与样本进行比对的条件，意味着无法对此检材作出鉴定。

面对这种状况，本中心痕迹鉴定人并未就此放弃，决定将检材置于法斯特VSC-6000型文件检验工作站下通过荧光观察，看看是否会有什么发现。在实验室里，细心的痕迹鉴定人发现荧光反应下的检材纹线渐渐变得清晰起来，于是，鉴定人仔细调整光源、放大倍数等相关参数，将观察效果调整到最佳状态后，发现此检材纹线较清晰，细节特征稳定，具备检验条件。痕迹鉴定人立即将检材与提取的样本指印进行逐个比对。

(3) 鉴定人还原事实

经检验，发现其在纹线流向上不相符；相同部位及周围细节特征的布局、排列、间隔线数和距离等均不一致。最后，本中心痕迹鉴定人给出了明确的鉴定意见：落款日期为“2011年4月×日”的《个人最高额保证合同》第四页中乙方（签字）栏“陈×”签名处的指印不是陈×所留。

本案是一起典型的利用高端仪器辅助鉴定的案例。

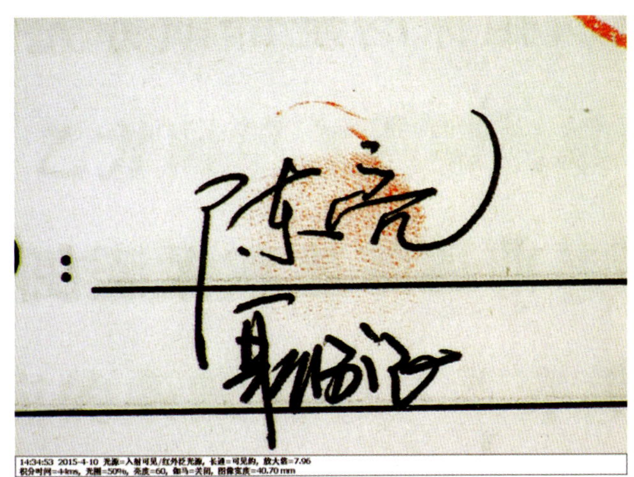

检材原貌

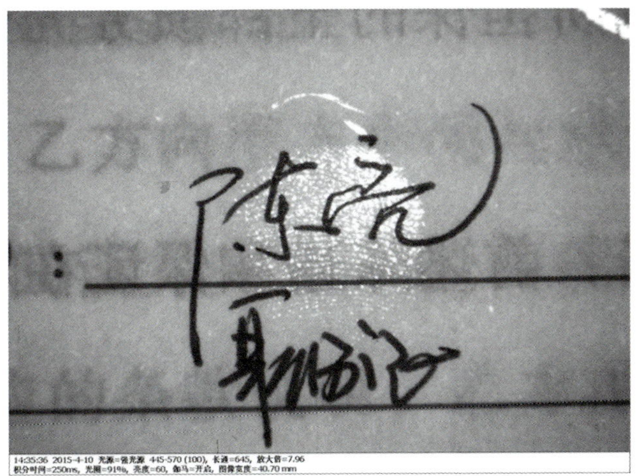

VSC-6000型文件检验工作站下观察所得

15. 副脾的伤残鉴定（刘青青）

汤某，男，30岁，因道路交通事故造成身体严重损伤，法院委托我所对其进行伤残鉴定。我所临床鉴定专家在对委托材料全面审阅后，发现存在以下事实：①被鉴定人汤某于2012年10月23日遇道路交通事故后，医院查体：痛苦面容，贫血貌，左上腹稍膨，左上腹、左下腹压痛反跳痛，右下腹轻压痛、反跳痛。移动性浊音阳性。左下腹穿刺抽出不凝血。②辅助检查CT示：脾破裂，脾脏包膜下血肿，左侧侧腹筋膜外包裹性积血，腹腔游离积血。③入院当日急诊行“剖腹探查术、脾脏切除术”，术中见腹腔大量积血及血凝块，量约4000ml，探查见脾脏下极碎裂出血，左侧后腹膜少量血肿，予积极抗休克同时行脾切除术。④脾切除术后近一个月，汤某在经医院复查，上腹部超声检查报告示：脾切除术后，副脾。

由于《道路交通事故受伤人员伤残评定》GB18667-2002中第4.8.6.b条规定：腹部损伤致脾切除，为八级伤残。标准条款并未涉及关于副脾的问题，此问题引起了本鉴定临床专家小组的高度重视，在咨询临床相关专业的专家及查阅文献资料后分析认为：现不明确副脾的功能状况以及评残标准中无相关规定，故在评残时对脾切除后遗留副脾不予考虑，依照GB18667-2002《道路交通事故受伤人员伤残评定》第4.8.6.b条的规定，评定为八级伤残。

该委托案件鉴定意见书出具后，案件主办法院和某保险理赔单位一致认同该伤残鉴定结论，使相关赔偿纠纷得以顺利解决。

16. 花季少女为何终身与轮椅相伴（刘青青）

8岁，是人生最天真，最烂漫的时期，天真无邪的女童本该在父母的呵护下健康成长，本该和小伙伴们一起无忧无虑地嬉笑玩耍，然而，突如其来的损伤却让她提早与自己绚丽的童年告别，迎接她的却是终身与轮椅为伴。她就是本案被鉴定人蔡某。

2013年2月25日，我所受外省某法院委托对蔡某目前的身体状况与外伤是否具有因果关系进行鉴定，案情如下：2012年3月29日，蔡某按时到某歌舞话剧团练习舞蹈，在练习跪地下腰动作时，手撑不住就摔下去了，当即诉说“肚子疼”。老师和父母即刻带她去医院就诊，经过磁共振检查，临床诊断为第7胸椎以下脊髓横断性损伤。这个消息犹如晴天霹雳，使得原本幸福美满的家庭蒙上了一层阴影。蔡某的父母并没有就此放弃，哪怕是千金散尽，他们也要为女儿进行治疗。父母带着她奔波于全国多家知名医院进行救治，但效果都不理想。2012年6月，在某医院进行了治疗，磁共振增强检查示：T9平面以远脊髓形态异常，呈萎缩改变。直至损伤一年后来我所检查时见：蔡某由其母亲用轮椅推入检查室，脸上失去了这个年龄的孩子应有的光彩，一双忧郁的眼睛望着我们。其父母陈述，伤后至今一直大小便失禁，日常生活全靠他人帮助。体格检查发现其脐上3.5cm以下感觉消失，腹壁试验消失，双下肢肌肉萎缩，肌力0级，巴氏征（-），会阴部垫有尿不湿，双下肢完全无知觉。

体格检查后，经我所法医临床鉴定专家全面审阅委托材料及体检所见，综合分析认为：被鉴定人蔡某的损伤属于无骨折脱位型脊髓损伤，此种损伤与儿童脊柱的解剖特点有关，从外伤原因、外伤机制、损伤后出现的临床表现、相关检验及影像学检查等方面综合分析，其损伤与外伤具有因果关系，外伤参与度为100%。

我们相信本所科学、公正、客观、公平的鉴定意见会对维护蔡某合法权益起到应有的作用。

17. 一份咨询意见书在还原案件真相中的作用（刘青青）

2013年3月25日，我所受某保险公司委托，对该公司即将开庭审理的一件疑难案件出具咨询意见书。案件的情况大致如下：某男于2012年1月20日因道路交通事故受伤，经临床检查，诊断为左踝骨折，多处挫伤，肾挫伤。2012年6月26日至7月10日多次住院治疗，先后诊断为：慢性酒精性肝硬化，肝性脑病（III期），肝硬化（失代偿），腹水，多脏器功能衰竭等。后于2012年9月4日死亡。

某男的家属认为，死者生前无家族遗传病史及遗传倾向疾病史，无传染病及类似病史，某男的死亡与道路交通事故具有因果关系，要求某保险公司在交强险和责任险限额内赔偿42.2万元。某保险公司对其因果关系持有异议，故委托我所临床鉴定专家以专家辅助人的身份出具咨询意见书，还原案件的事实真相。

我所临床鉴定专家通过审阅委托咨询的相关资料后分析认为：某男有长期大量饮酒史，饮酒6两/日×30年，存在明确的导致酒精性肝病的病因；住院病历示2012年6月26日以后的多次住院临床表现均有腹胀、乏力等症状。查体发现腹部膨隆，剑突下轻压痛，肝剑突下1.5cm，质硬，移动性浊音阳性；实验室检查发现TBIL 61.1μmol/L、DBIL 33.1μmol/L、ALP 126U/L、GGT 80U/L、ALT 188U/L、AST 215U/L等多项肝功能指标异常；腹部B超提示慢性肝病、肝硬化，大量腹水；增强CT扫描提示肝内密度不均匀，肝静脉系统变细显示欠清，肝硬化门脉高压表现，腹水。根据其病史、临床表现、病程演变及各项辅助检查，“慢性酒精性肝硬化（肝功能失代偿期）”之临床诊断成立，结合其损伤当时意识清楚，生命体征平稳，医院经过各项检查，诊断为：①左踝骨折；②多处挫伤；③肾挫伤。上述这些损伤均无引起肝硬化的可能性，也没有证据证明本次损伤与肝硬化的发生、发展、转归存在必然联系，故本次损伤不是导致其肝硬化的病因。因此，某男死亡原因分析为“慢性酒精性肝硬化（肝功能失代偿期）、肝性脑病、自发性腹膜炎、电解质紊乱，最终导致多器官功能衰竭死亡”；其死亡与本次道路交通事故的损伤之间无证据证明存在因果关系。

在法庭庭审时某保险公司将此咨询意见书作为一项证据提交法庭，通过辩论后对方再无异议。最后经法庭调解，双方达成了调解协议，某保险公司支付给家属3万元医疗费。此案件圆满和解。

18. 两例医疗损害案件鉴定中的因果关系——医疗损害案件鉴定出庭质证的体会（余家树）

在损害纠纷赔偿中，纠纷的起因多种多样、千差万别，越发体现出复杂、多变的特点。在司法鉴定实践中，因果关系及过错鉴定多见于伤病共存的损伤，也见于医患纠纷鉴定案件中。针对医疗损害鉴定案件出庭质证时有其独特的方面，现将自己在司法鉴定实践中的两例医疗损害鉴定中因果关系鉴定案件出庭质证的体会总结如下。

(1) 简要案情

案例1 付某于2009年1月12日23时30分胎膜破裂；13日2时30分，以“停经37＋4周，阴道流水3小时”为主诉入住某医院；18时30分宫口开全；23时10分胎儿娩出；23时40分胎盘娩出；分娩方式：顺产；胎盘产式：胎儿面、手剥；胎盘情况：不完整；胎膜：不完整。新生儿席某体重：4600g，付某会阴破裂，会阴切开。妇产科诊断：胎膜早破、子痫前期（轻度）、胎盘粘连、胎物残留、妊娠期糖尿病、巨大儿、娩肩困难、新生儿重度窒息。分娩后新生儿因重度窒息即被转到儿科治疗。同年1月19日，付某出院。1月24日，席某出院，出院诊断为：①新生儿重度窒息；②新生儿吸入性肺炎；③新生儿缺氧缺血性脑病；④心肺复苏后；⑤巨大儿；⑥臂丛神经损伤；⑦蛛网膜下腔出血；⑧缺血性心肌损害。同年6月7日，付某带席某在复旦大学附属华山医院门诊治疗。6月10日，医院诊断席某为EMG：右侧臂丛神经支配肌见自发电活动，主动募集反应减弱；NCV：上臂段正中神经MNCV在正常范围，但其支配肌CMAP波幅下降；尺神经、桡神经支配肌刺激均未引出CMAP；臂丛神经上干支配肌CMAP潜伏期延长，波幅下降。提示：右侧臂丛神经损伤电生理表现累及上、中、下干。8月12日至18日，席某在复旦大学附属儿科医院住院治疗，医院诊断为右产瘫；2009年11月17日至20日，席某在复旦大学附属儿科医院住院治疗，医院诊断为术后右臂丛神经损伤。

2010年7月，付某作为原告委托我鉴定所对其在医疗过程中及席某的损伤的因果关系与是否存在过错进行鉴定。我们结合专家会诊意见鉴定认为：

（1）某医院在付某生产的医疗行为中存在以下过失行为：①产前估计胎儿的体重存在较大偏差；②产前对其妊娠期糖尿病漏诊；③生产过程中娩肩困难时处理存在不当的助产技术。（2）某医院在付某生产的医疗行为中存在的过失行为，与席某右上肢臂丛神经损伤存在因果关系，其损害参与度评定为40%。

某医院于2010年9月30日委托另一司法鉴定所对其在付某的助产过程中是否符合医学诊疗规范、医方的行为与新生儿席某的产瘫是否存在因果关系进行鉴定，该鉴定认为：医方在助产时方法正确，措施得当，行为科学规范，不存在医疗过错；席某巨大儿、肩难产后右侧臂丛神经损伤与院方有一定的因果关系。

案例2 杨某，男性，62岁。因慢性支气管炎急性发作于2012年3月20日到某诊所治疗。查体：T 38.2℃，当地医院胸片示慢性支气管炎合并肺部感染，咽不红，扁桃体不大，心、肺、腹无阳性体征。检查后给予头孢地嗪(Hoechst药厂产品，批号：01E002 D365)，bid,2克/次，静脉点滴，未做皮试，但曾询问杨某对青霉素无过敏史。当天下午，杨某躯干背部出现散在红丘疹，伴有发痒，晚上皮疹增多，左前臂内侧有融合成片，心肺体征基本同前。怀疑是头孢地嗪引起的药物过敏。故停用头孢地嗪，并到当地皮肤科会诊后，服用硫代硫酸钠、克敏能、赛庚啶；每晚炉甘石洗剂外涂皮疹处；3月24日，杨某颜面部红斑成片，但丘疹消退，头颈部皮疹减少，躯干部斑丘疹及四肢皮疹有增多，但变平。皮肤科建议：面部红斑处改用丁酸氢化可的松软膏，停用炉甘石洗剂；用仙特敏。3月25日，杨某颜面红斑及躯干、四肢皮疹都有明显消退，呈暗红斑，自觉瘙痒有减退。3月29日，杨某皮疹基本消退，背部及大腿偶有瘙痒，停用硫代硫酸钠及仙特敏。4月12日，杨某皮肤仍有瘙痒，停用克敏能、赛庚啶，改用非那根。4月15日，杨某无皮疹且不痒，于4月20日皮疹基本痊愈。此后，杨某以该诊所存在医疗过错为由起诉到法院，法院受理立案后，委托我们做因果关系及过错方面的鉴定。我们鉴定认为：杨某因慢性支气管炎急性发作应用头孢地嗪符合治疗适应证，其用药后出现皮疹，与该药副作用存在因果关系。目前临床上部分医疗机构本着以人为本的原则，在本单位应用头孢类抗生素时规定需要做皮试。结合本案，该诊所在对患者应用头孢类药物前未做皮试，但曾询问得知杨某对青霉素无过敏史，我们认为不存在过错，依据是：卫生部卫医发〔2004〕85号《抗菌药物临床应用指导原则》、《中华人民共和国药典》（2010年版）对头孢类抗生素没有必须要做皮试的规定，只强调用药前必须详细询问有否对该类药物、青霉素类药物的过敏史。故鉴定认为，该诊疗行为与杨某药物性皮疹的发生具有因果关系，但诊疗过程符合诊疗规范，故不存在过错。

(2) 庭审及结果

案件审理开庭后，双方争议的焦点为医疗行为是否存在因果关系、是否存在过失以及损害参与度评判的问题进行了质证询问，而案例2的代理人还对社会鉴定机构对医疗损害案件鉴定的主体是否合法提出了异议。我们对上述问题都做了相应的回答并进行了庭上辩论。

通过庭审质证，案例1经法院审理后认为：对于原、被告双方各自提供的两份鉴定书的证明力问题，本院认为，可从以下几个方面综合予以审核认定：

① 关于鉴定机构及鉴定人员的资格方面。原告患方提供的鉴定书附有鉴定机构的司法鉴定许可证、鉴定人的执业证书；而被告医方提供的鉴定书却未附有鉴定机构及鉴定人员的资格证书。

② 关于鉴定结论所依据的检材方面。原告患方提供的鉴定结论依据的检材除医院的病历、报告单等外，还对席某进行了活体检验；而被告医方提供的鉴定结论仅依据病历、报告单，而未对席某进行活体检验。

③ 关于鉴定结论的因果关系表述方面。原告患方提供的鉴定书结论对因果关系的表述具体、明确；而被告医方提供的鉴定结论中，既提到医方不存在医疗过错，又提到原告的损伤与医方有一定因果关系，明显语焉不祥、前后矛盾。

综合以上分析，本院认为，原告所提供的鉴定书的证明力明显大于被告所提供的鉴定书的证明力，故本院对原告提供的《法医临床学书证审查意见书》予以确认。

案例2通过法院审理后认为：目前临床上部分医疗机构本着以人为本的原则，在本单位内部应用头孢类抗生素时需要做皮试，而国家层面尚无明确的需要做皮试规定，诊疗过程不存在违反诊疗常规方面的过错。但是，该原告的皮疹属应用头孢类药物的副作用，该损害后果与应用头孢类药物具有因果关系。后通过调解，该诊所赔偿杨某医药费及适当的精神抚慰费用，案件和解。

(3) 讨论

鉴定人在医疗损害鉴定案件出庭时，庭审过程中当事人双方往往会对鉴定主体是否合法、因果关系判定是否合规、过错判定是否准确、过错参与度划分是否合理等几个问题提出质疑，作为鉴定人，在出庭前就要把相应的应对策略规划好，才可在庭上应对自如，辩论时游刃有余，叙述时有理有据，把专业性的技术问题以通俗化的语言表达，让双方当事人、主审法官听懂鉴定人所出具的鉴定意见所要说明的问题，这样才有可能提高法官对其鉴定意见书的采信度。针对上述几个问题的应对策略，我认为从以下几个方面来考虑，对出庭质证取得满意效果具有重要意义。

① 医疗损害案件鉴定中，社会鉴定机构对医疗损害案件鉴定的主体是否合法？

针对这个问题，我们认为：首先，在刑事和民事案件诉讼中，凡涉及活体有关人身伤害、残疾、劳动能力、诈病（诈伤）、造作病（造作伤）、虐待、性功能或性犯罪等问题，均属于临床法医学所要研究的内容。此外，临床法医学也研究活体的个人识别和医疗纠纷的鉴定。其次，司法鉴定主管部门将法医临床鉴定的范围规定为人身损伤程度鉴定、伤残程度评定、损伤与疾病因果关系分析、生理状态及功能评定、劳动能力鉴定、诈伤及造作伤鉴定、致伤物和致伤方式推断、损伤时间推定、医疗纠纷鉴定、损害赔偿十个方面。再次，国家发改委、司法部发改价格〔2009〕2264号《司法鉴定收费管理办法》中明确把医疗纠纷收费列入法医临床鉴定司法鉴定收费项目和收费标准基准中。最高人民法院关于适用《中华人民共和国侵权责任法》若干问题的通知第三条规定：人民法院适用侵权责任法审理民事纠纷案件，根据当事人的申请或者依职权决定进行医疗损害鉴定的，按照《全国人民代表大会常务委员会关于司法鉴定管理问题的决定》、《最高人民法院对外委托鉴定、评估、拍卖等工作管理规定》及国家有关部门的规定组织鉴定。

由此可见，无论从法医学理论上，还是司法鉴定相关规范上，社会鉴定机构对医疗损害方面的案件受理鉴定都是具有合法性的，只要人民法院委托社会鉴定机构进行医疗损害责任过错方面的鉴定，社会鉴定机构具有临床法医学鉴定资质的都可以受理该类鉴定。受理之后由具有临床法医学司法鉴定资质的鉴定人出具的司法鉴定意见书具有合法性。结合上述案例，在案例2的庭审中原告方就针对这个问题提出了异议，我们就是按照这个思路回复的。

② 医疗损害鉴定案件因果关系的判定

所谓因果关系，是指人们从经验中总结出来的前后两现象之间的联系，如果前一现象的发生必须导致后一现象的发生，那么，我们就说这两个现象之间存在因果关系，其中前一现象是原因，而后一现象是结果。医疗损害是一类专门类型的侵权损害，属于医疗纠纷范畴。构成医疗损害行为责任的要件有医疗行为、损害结果、医疗行为与损害结果存在着因果关系，这三个要件是必不可少的。在鉴定医疗损害的因果关系司法鉴定实践中，前两个要件往往较为容易认定，但两者之间存在着因果关系是鉴定的难点和重点。由于在医疗损害鉴定案件中当事人双方对于因果关系的鉴定意见争议性大，因而，研究因果关系在解决医疗损害鉴定案件中具有十分重要的意义。

结合上述案例，案例1医方在该病例产前诊疗过程中检查不全面，漏诊了糖尿病疾病及对胎儿体重估计不足，导致其选择生产方式不太合适；而在发生肩难产后，在人工助产过程中，技术上存在处理不当的措施，最后使胎儿在娩出过程中拉伤右侧臂丛神经。为此分析认为，该被鉴定人出现的医疗损害后果与该医院的诊疗过程中的过失存在因果关系。案例2中被鉴定人杨某，支气管炎急性发作应用头孢类抗生素治疗，选择抗感染措施得当；但是，其用药后出现药物性皮疹，与该药物副作用存在因果关系，但未违反目前医疗过程中的诊疗规范。

③ 医疗损害行为与被鉴定人的损害后果之间关系判定

医疗损害是指因医疗机构及其医务人员的故意或过失（即医疗过错），对就医患者造成身体上或精神上的损害结果。医疗过失损害案件的因果关系问题是法医学鉴定中最复杂的鉴定内容。主要是以多因一果形式出现，在鉴定实务中患者疾病对自身健康的损害，正常医疗行为的损害，医疗过失行为的损害，三者经常同时存在，相互作用，在临床表现方面很难一一区分。因果关系的类型可分为：有因果关系、直接因果关系、临界型因果关系、间接因果关系和无因果关系五种。

而医疗纠纷因果关系的种类与相应责任、参与度的划分是指医疗机构及其医疗机构诊疗过程中所发生的过失行为在患者所出现的损害后果中原因力的大小。具体可分为：直接因果关系，全部责任，参与度100%；直接因果关系，主要责任，参与度75%；临界因果关系，同等责任，参与度50%；间接因果关系，次要责任（诱发因素），参与度25%；间接因果关系，次要责任（辅助因素），参与度12.5%；无因果关系，无责任，参与度0%。

结合上述案例，案例1我们根据其医疗损害情况分析认为，医方的损害与当事人出现的后果之间存在因果关系，其过错为次要责任，参与度评为40%。而案例2分析认为，医方的损害与当事人出现的后果之间存在因果关系，不存在过错责任，未评参与度。

综上所述，随着司法鉴定改革的深入，医疗损害鉴定意见在处理该类纠纷中发挥证据证明价值的作用日益彰显出来，客观公正的鉴定意见在案件诉讼中起着举足轻重的作用。如何使“司法鉴定意见”被“科学”地运用，出庭质证的认可无疑是法庭采信的根本所在。因此，鉴定人在应对出庭时的策略方面值得花大气力研究。

19. 一起特殊检材的DNA亲子鉴定案件（陈芳）

⑴ 简要案情

2014年10月××日，浙江汉博司法鉴定中心受理了一起特殊检材的DNA亲子鉴定案件。那天，委托人携带一创可贴微量血样检材来浙江汉博司法鉴定中心，恳请我们做亲子鉴定。因其小孩在国外，多年才回来一次，从而导致样本采集极其困难，当事人已咨询多家鉴定机构，均以检材量太少无法提取足够DNA模板量而拒绝受理。当事人在获悉汉博司法鉴定中心在微量检材提取方面有着极其丰富的经验后，抱着最后一丝希望，来到我们鉴定中心，希望我们能为他解开这个缠绕着他多年的困惑。本着为民排忧的宗旨，我们中心受理了此案件。

⑵ 鉴定专家还原真相

案件受理后，鉴定中心法医物证鉴定技术专家及相关鉴定人经过技术讨论、查阅大量文献资料，针对此创可贴微量血样检材，建立了一套独特的检验手段。功夫不负有心人，在法医物证鉴定技术专家和鉴定人的共同努力下，终于检测出微量血痕的20个常染色体STR分型及性别位点（见下页图）。

当事人得知我鉴定中心鉴定专家为其成功做出亲子鉴定之后，惊讶和感激不言而喻，但更多的是敬佩，打心眼里认可我们中心的鉴定能力，拿到鉴定报告看到鉴定结果的那一刻，压在心中多年的石头终于落地了，多年的困惑终于得以解决。当事人激动地对我中心鉴定人说："你们太厉害了，我咨询了很多机构，其中不乏知名鉴定机构，但没一家愿意受理，谢谢你们帮我解决了这个藏在我心中多年的困惑。"

浙江汉博司法鉴定中心聘请了众多具有中高级技术职称及鉴定人资质的技术专家，他们当中相当一部分人曾经是公、检、法战线上和国内著名院校中的鉴定专家，其中有多位是享受国务院政府特殊津贴的专家，已专门从事司法鉴定工作数十年，在国内具有较高的知名度，有着丰富的理论知识及实践经验。检案检材类别涉及全血、血痕、口腔拭子、毛发（带毛囊）、组织、精液、精斑、混合斑，羊水、绒毛组织、指甲、软骨组织、石蜡组织切片等检材DNA的提取及PCR反应。鉴定类别包括亲权鉴定、个体识别、全同胞鉴定、祖孙鉴定等。特别是在微量检材DNA的提取方面积累了一定经验，能够解决实验中遇到的各种疑难问题。

(3) 专家温馨提示

特殊检材的DNA鉴定，由于检材的特殊性，存在保存时间、环境、保存载体等多方无法预知的客观因素，可能会使我们通过常规检测而无法得出结果，因此需要针对特殊检材采用特殊的检测手段；由于特殊检材过于微量，为了满足检测需求可能会耗尽检材；因检材问题，如过于微量、污染等原因，会导致实验的不可重复性，由此产生的系统误差，鉴定中心不承担责任，请送检人谨慎对待。

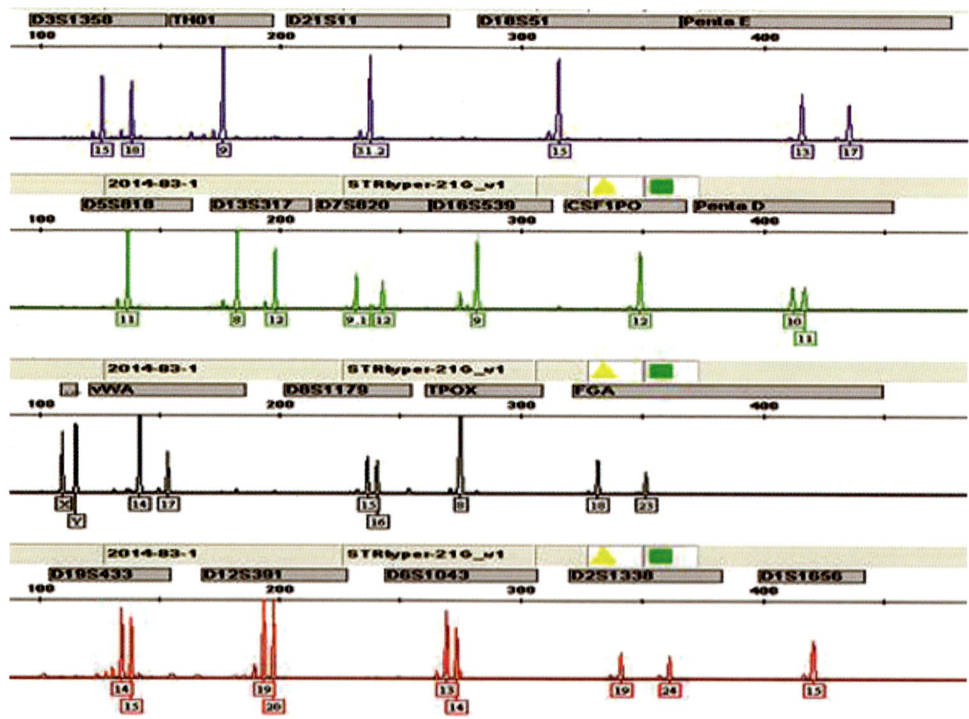

微量血痕的20个常染色体STR分型及性别位点

20. 声像专家高超鉴定助花甲老人成功维权（钱钧　张凤霞）

2013年12月，浙江汉博司法鉴定中心受理了一起特殊的声像资料鉴定案件。委托方是温州某集团公司，他们的委托要求是对一张拍摄于20世纪50年代的黑白集体照与提供者14位老人目前的照片样本进行比对，判断是否为同一人。

这14位年逾花甲的老人曾是温州某国营工厂精减职工。早在1958年，他们这批职工被抽调至温州某国营工厂工作，又于1960年将他们精减退回农村了。近年中共浙江省委组织部、浙江省人力资源和社会保障厅、浙江省财政厅相关部门发文，对于60年代的精减职工给予困难补助，而他们这14位老人却一直没有享受到补助。带着疑惑，他们去询问了有关部门，得到的回答是，“地方国营工厂已解散，你们的困难只能由社会保障部门给予解决，但是你们的档案已失落，需要当地政府认证。”大伙儿觉得无计可施之时，其中一位老人忽然想到家中还珍藏着一张当年在该厂上班时拍的黑白集体照。在咨询了相关部门后，老人们得知只要把这张集体照拿到司法鉴定机构去鉴定一下照片上的人是否为本人，就可以作为一份重要的参考依据。

经过多方打听，得知浙江汉博司法鉴定中心具有声像资料鉴定资质，于是老人们来到汉博司法鉴定中心进行咨询。中心领导了解了事情的原委后，立即着手处理此事。由于照片年代久远，并有破损，给鉴定造成很大的困难，中心领导即刻安排了中心资深声像鉴定专家，并联络了北京、上海、沈阳等地的鉴定专家组成专家顾问团进行联合会诊。鉴定专家们运用自己丰富的鉴定经验，结合高端的仪器设备，经过细致比较、分析，最终确定了13位老人与黑白照片上的人像特征基本吻合（其中一位老人的图像正处于黑白照片中破损的位置，因而无法鉴定）。并出具了咨询意见书。同时汉博司法鉴定中心的领导考虑到老人们的实际困难，为老人们减免了相关的费用。最终这份咨询意见书获得了相关部门的采信。老人们的身份也得到当地政府的认可，将获得每人每月500元的政府补助。这对于已经是风烛残年的老人们而言也是一笔不小的收入。为了表达对汉博司法鉴定中心的感激之情，老人们将一面印有“沉年照片，重现真影”的锦旗送到中心（见下页图），感谢中心高超的技术水平、公正的鉴定、热忱的公益心，帮助他们维护了合法权益。

浙江汉博司法鉴定中心所具备的声像资料司法鉴定资质，填补了省内声像资料司法鉴定空白。当前中心的声像资料司法鉴定业务正有条不紊地进行着，中心正朝着力争行业一流的目标稳步前进。

第五章

愿　景

十年

第一节　精彩记忆

2015年对于浙江汉博司法鉴定中心是意义非凡的一年——浙江汉博成立10周年。几经风雨，几经变革，汉博精神与宗旨依旧初衷未改。原汉博中心创始人，现为浙江省汉博鉴定科学技术研究院名誉院长胡祖平坚持他的信念：用自己的知识为别人做些什么，为社会公平做些什么，浙江汉博司法鉴定中心不是赚钱赢利的工具。

“汉博”，狭义来说便是汉字博大精深。

广义上来说，“汉”指的是汉字文化。汉字从甲骨文、金文、小篆、隶书、楷书，再到行书，逐渐演变为今日的简化汉字，历史源远流长，而浙江汉博司法鉴定中心研究的便是“汉字”。汉字的书写由于情感的不同、环境的变换、同一人年龄段的不同等会造成书写习惯发生变化，所以说汉字也是千变万化，值得深究的。

同时，“汉博”赋予的另一层精神层次的内涵是指“中华传统文化”中的“信”与“仁”。中华传统文化经历五千年的沉淀与积累，是一个民族历史道德的传承和精神的体现。浙江汉博司法鉴定中心相信文化是生命，是软实力，是决定一切的内在驱动力。文化中包含的道德精神和优秀理念是一个企业走向成功的灵魂。

浙江汉博司法鉴定中心自2005年9月26日成立以来，一直坚守自己的信念，以“中国传统文化”中的“信”、“仁”服务群众，自始至终保持强烈的使命感和责任感。本中心的宗旨是：发展司法鉴定事业，通过开展面向全社会的司法鉴定工作，维护公民、法人和其他组织的合法权益，保障诉讼、仲裁等活动的顺利进行，促进司法的公正公平。本所从事的各项司法鉴定活动依法进行，并遵循科学、客观、独立、公正的原则，不受任何组织和个人的任何干涉。

经历十年的厉兵秣马，浙江汉博司法鉴定中心揭开全面突破、平稳发展的崭新一页，将谱写出更加绚丽辉煌的新篇章。

一、发展历程

开山之作最费力，万事开头难。每一个企业在起步阶段由于缺乏相应的人才、经验和完善的制度，必定要在一步步的摸索中前行。

1. 创业期（2005年9月—2009年底）

2005年成立之初，浙江汉博司法鉴定所办公面积只有十几平方米，工作人员仅有8人，属于名不见经传的小企业，工作仪器设备除了基本配置外只有几台显微镜，鉴定范围也仅仅局限于文书和痕迹鉴定两方面。

任何业绩的质变都来自于量变的积累，2005—2009年这五年汉博厚积薄发，每一个案件对提升汉博在群众心中的认知度都占有绝对的分量。2008年在文书和痕迹鉴定的基础上又增加了一项法医临床鉴定，相应的仪器设备也更加先进全面，陆续新添了连续变倍体视显微镜、体视显微镜图像成像系统、X线胶片观察灯（单联）、活体检验床等。随着浙江汉博梁峰副主任的到来，相关的规章制度也开始制定并且明确。

企业的发展离不开一次又一次的扩张，浙江汉博的“版图”在2009年11月也东渐西被，办公地点由原来十几平方米的莫干山路76号搬至拥有1000平方米的聚龙大厦东五楼。除却办公环境上有质的改善，还聘请了中国刑事警察学院权威专家作为浙江汉博的特聘专家，又花巨资购买其他先进仪器设备，例如从英、美引进多套世界顶级文件鉴定设备：法司特VSC-6000文件检验超级工作站、奥博（OPTEMO）目镜/视频层析显微镜，这几套设备可广泛应用于刑事、行政、民事、经济等各类案件的文件鉴定，为委托机构提供更加科学准确的鉴定结论，以保证司法鉴定工作的客观性、科学性。

2009年浙江汉博迈了很大一步，但是却走得异常稳健。2009年，与汉博事业发展上取得同样重大进步的是规章制度更加完善、规范。除了重新制定和完善各项基本的规章制度和质量管理体系外，为使鉴定工作公开透明，对外公示制度（如鉴定服务收费项目及基准收费标准、司法鉴定承诺制度、司法鉴定风险提示等）均上墙张榜公示，以彰显司法鉴定过程客观公正。除此之外，为加强司法鉴定业务档案的科学化、规范化管理，结合浙江汉博的实际情况制定了档案管理办法，对档案的归档、接收、借阅等进行规范。2009年，浙江汉博无论从司法鉴定项目的增设，执业人员的增加还是各项业务的开展、内部管理制度等，都趋向于规范化、正规化，虽然不尽完善却依旧坚持在探索中不断进取，勇于开拓。

2. 成长期（2010年初—2011年底）

如果说2005年至2009年这段时间是浙江汉博的初创期，那么2010年便是浙江汉博开始发力的成长期。初创五年期间的厚积为浙江汉博的2010年迎来新的发展。

2010年是浙江汉博的发展年，在前几年工作的基础上浙江汉博加大改革力度，加强文化建设，先后新引进文书鉴定人1名，鉴定助理2名，并且积极参加司法鉴定机构能力验证活动，做好认证认可前期配套工作。2010年，浙江汉博参加的能力验证项目均取得“通过”以上的优异成绩，其中伤残程度、损伤程度两个项目均为“满意”。

工作过程是积累经验的过程，也是学习的过程，定期组织鉴定人员进行继续教育培训是必不可少的，在增强司法鉴定人员的法律意识、公正意识和依法执业意识的同时，不断提高专业知识，确保司法鉴定的质量。例如，在2010年积极参加温州医学院司法鉴定中心举办的法医临床继续教育培训班，浙江省司法厅、江苏省司法厅、上海市司法局联合在南京召开的文书痕迹类培训班，鉴定人及助理共达18人次参加培训，加强了同行间交流，同时提高了鉴定人业务素质。

业务上在求质求量，坚持以客观、公正、独立、科学的态度对待每一件案件。同时，一个企业的灵魂和凝聚力——企业文化至关重要，代表了企业在群众心中的形象和信任度。“信任度”对于司法鉴定机构来说是举足轻重的，对于这一点，原汉博中心创始人，现为研究院的名誉院长胡祖平在创建浙江汉博伊始，心中对此就有清醒的认识。扩大影响力、提升企业形象的第一步便是让大家了解浙江汉博，就此开发了浙江汉博网站推广平台：www.hanbow.com和www.hanbow.cn。这仅仅是一个开始，拓宽了浙江汉博未来的道路。

2011年的浙江汉博如度过严寒凛冽的冬天，迎来春暖花开的时节，慢慢绽放出自身的力量和光彩。2011年，受理司法鉴定案件数量相对于往年有了明显的提升，与2010年相比，同比增长44%，这是对浙江汉博及每个工作人员的肯定与支持，用事实证明了浙江汉博的实力与潜力。

2011年5月13日，浙江汉博荣获《资质认定计量认证证书》，标志着浙江汉博已具备国家有关法律、行政法规规定的条件和能力，并获批向社会出具具有证明作用的数据和结果。与此同时，更为有意义的是浙江汉博为杭州市首家、浙江省第二家同时获得文书鉴定、痕迹鉴定、法医临床鉴定三类鉴定项目资质认定的司法鉴定机构。10月25日，汉博顺利通过了由浙江省质量技术监督局组织的监督检查，2011年度司法鉴定能力验证（法医临床伤残程度鉴定/CNAS T0599、指印鉴定/CNAS T0604、笔迹鉴定/CNAS T0605、印刷文件鉴定/CNAS T0606）项目通过评审，各项目均获得“满意”结果。自2008年以来，汉博共参加12个项目的能力验证，1项获得“通过”，11项均获“满意”。

日渐忙碌的会议行程与各个同行之间的频繁交流让浙江汉博全面学习有关专业知识与相关制度，浙江汉博的鉴定人员、行政人员如同海绵般吸收各方精华，结合自身的实际情况加以利用。

2011年7月13日至15日，由全国公安系统、检察系统、法院系统、司法系统、安全系统、知名院校及部队系统的文件检验专家组成的领导组成员在江苏泰州召开了中国刑事科学技术协会文件检验专业委员会第三次代表会议。原汉博中心创始人，现为研究院的名誉院长胡祖平作为浙江代表应邀参加了本次会议，选举结果是胡祖平院长继续担任本届文件检验专业委员会委员。

除此之外，胡祖平院长还先后参加了2011年8月8日至15日在宁夏回族自治区银川市由中国刑事警察学院文件检验技术系、文件检验鉴定公安部重点实验室联合主办，宁夏回族自治区公安厅协办的第二届文检新技术推广与典型案例交流会。胡祖平主任就我所文检工作的发展和与会代表进行了深入的讨论，听取了代表们的宝贵建议和意见，这将为推动浙江汉博文检工作的可持续发展起到非常重要的作用。

在参加各类培训以及会议的同时，浙江汉博汲取各方所长，用实践来证明自己的实力。10月28日至29日，由浙江省司法厅主办、浙江汉博司法鉴定所组织承办的“2011年文书、痕迹司法鉴定人培训研讨班”在杭州举行。来自浙、苏、鲁三省的100余位文书、痕迹司法鉴定人参加了此次研讨班。这次培训班的举办对浙江汉博来说是一次尝试与挑战，更是一个展示自身实力的机会。

3. 发展期（2012年初—至今）

浙江汉博依旧在成长，在经历长时间的摸索和各同行之间的相互学习借鉴后，管理制度逐渐完善，受理流程日趋规范和标准，文化建设逐渐稳固，浙江汉博的发展现已走向成熟，趋于稳定。

时代在进步，知识在更新，身为司法鉴定人员需要不断学习最新的法律规章制度。浙江汉博一如既往定期组织鉴定人、司法鉴定人助理参加省厅、市局主办的继续教育培训活动，分别于2012年5月组织4位法医鉴定人员及1名助理参加温州医学院司法鉴定中心举办的法医临床继续教育培训班；同年10月组织7位文书、痕迹司法鉴定人及3名助理参加2012年文书、痕迹司法鉴定人培训班。在规章制度方面，严格要求认真学习新的《刑事诉讼法》中对鉴定人进行修改的内容，及时对鉴定人进行宣讲。在原有规章制度前提下结合浙江汉博实际情况制定细则，部分规章制度根据要求上墙公示。司法鉴定文书档案工作能做到根据《档案管理办法》严谨归档处理。

2012年，汉博新增办公地点聚龙大厦四楼，面积1000平方米，同年最大的成就之一便是于8月11日与中国刑警学院签订《科研技术合作协议书》，联合共建“公安部重点实验室文件形成时间研究中心南方基地”、“中国刑事警察学院教学科研实践基地”。这次中国刑事警察学院将实验室的南方基地落户浙江汉博，填补了浙江司法鉴定在文件形成时间研究方面的空白。此次的联合对于浙江汉博具有非凡意义，推进浙江司法鉴定行业向全国权威机构靠拢，极大地增强了浙江司法鉴定机构的实力。

浙江汉博在总体上取得了一次大跨越，同时鉴定人员也在进步。12月4日，胡祖平主任被授予浙江省司法行政系统“第三届百名优秀人物”荣誉称号；5月2日，又传捷报：汉博所痕迹鉴定人陈庆云同志被杭州市司法局授予“杭州市2011年度优秀司法鉴定人”荣誉称号。

在文化建设方面，宣传的正面形象一直是浙江汉博追求的，浙江汉博在2012年有几起代表性宣传活动。浙江汉博中心网站各方面内容逐步开通、增加，扩大多媒体网络的宣传力量。同时，2012年4月，浙江汉博向全国司法鉴定机构及鉴定人征集优秀论文，编著汉博丛书之《司法鉴定理论与实践》一书；10月，开始与各大律师事务所合作，每月两期在《浙江法制报》上刊登文书、痕迹、法医临床专业的司法鉴定案件实例，为百姓答疑解惑，社会反响较为满意。

浙江汉博始终秉承以“质量为生命，法律为基准，科学为主调，鉴定为民众”的质量方针。在这一年，浙江汉博逐渐树立了自己的特色和良好的口碑，汉博的业务量也从最初的几十件增加至近1000件。

2013年的业绩在2012年的基础上更上一层楼，受理公、检、法、仲裁机构、企事业单位及个人委托的司法鉴定案件更是突破千件，共计1449件，与2012年同比增长22%。在这一年浙江汉博的制度建设更加完善，管理细则更加合理规范，新制定了《鉴定人助理制度》、《用车制度》，并且对《奖惩制度》、《差旅费管理办法》等进行修订。引进声像资料鉴定、法医物证（DNA）鉴定、法医病理鉴定、法医临床鉴定等优秀司法鉴定人5名，行政辅助人员5名，司法鉴定人员队伍更加壮大。

在2013年中发生的重大突破是9月11日起机构名称由“浙江汉博司法鉴定所”变更为“浙江汉博司法鉴定中心”，并且鉴定项目由原来的法医临床鉴定、文书鉴定、痕迹鉴定，扩增法医物证（DNA）鉴定、声像资料鉴定、法医病理鉴定项目。新增的声像资料司法鉴定业务，填补了省内声像资料司法鉴定空白。同时，在同行交流、理论和实践学习方面也有显著的进步和质的提高。

同行间的相互交流推进了司法鉴定工作的进步与发展，更是机构之间相互取长补短、开阔视野的途径，共同学习、共同探讨和共同进步的过程，增强了鉴定机构与鉴定机构、鉴定人与委托单位、鉴定人与鉴定人之间的沟通交流。2013年开始便有一系列的交流计划。1月16日，中国平安财产保险有限公司理赔室负责人与汉博所相关负责人就“司法鉴定与保险理赔相关问题”进行了研讨交流，共同研究解决涉保司法鉴定工作中出现的新情况、新问题。3月8日，浙江汉博司法鉴定所与浙江大学司法鉴定中心、浙江明皓司法鉴定所的多位资深笔迹鉴定专家聚集于汉博所的文痕实验室进行疑难案件的“会诊”。坚持“质量为生命”严谨对待每一起案件，切实维护人民群众的合法权益。8月，浙江汉博邀请来自杭州三道、杭州远行、上海锦天城等律师事务所的40余名律师代表参加在浙江汉博举行的法医临床伤残评定与文书鉴定座谈交流会，10月、11月相继在浙江汉博召开文件制成时间研究中心工作推进座谈会、公安部立项课题“笔迹特征价值评估与量化检验方法的研究”专家交流会。7月至9月，中国刑

事警察学院的文件检验专业7名学生来本中心实践学习，这标志着高等院校与社会鉴定机构的合作交流进入实质性的发展阶段。据统计，2013年度共召开理论与实践相结合的司法鉴定会议10余起，相继有明珠新闻、《浙江法制报》、《都市快报》、《杭州日报》、《今日早报》等各家媒体做出相应的报道。

2014年的浙江汉博司法鉴定中心与2005年的浙江汉博司法鉴定所相比，各个方面有了极大的进步和提高。2014年的浙江汉博已经进入持续、快速、健康发展阶段。在人员队伍建设上，浙江汉博聘请了众多具有中高级技术职称及鉴定人资质的技术专家和特聘专家，他们曾经是公、检、法系统和国内著名院校的资深鉴定专家，其中有多位是享受国务院政府特殊津贴、已专门从事司法鉴定工作数十年的专家，在国内具有很高的知名度，具有丰富的理论知识及实战经验。

2014年的重点依旧在继续教育上，认真贯彻落实党的路线、方针、政策，认真学习有关司法鉴定会议文件精神，力求理论与实践相结合，提高鉴定质量，保障服务质量，通过这些学习和培训，提高每位鉴定人的法律意识、责任意识、诚信意识、维护公平和正义的理念。5月，浙江汉博主办了2014年浙江省文书、痕迹、声像资料司法鉴定人继续教育培训班，由省内7家鉴定机构委派鉴定人代表组成的评议组，举行了全省文书评议活动，致力推动文书司法鉴定意见书规范化、标准化。积极配合高等院校的实习实践需求，7月至9月迎来中国刑事警察学院和西南政法大学学生2个月的实习。7月，原浙江汉博创始人、现浙江省汉博鉴定科学技术研究院名誉院长胡祖平获聘首批杭州师范大学沈钧儒法学院兼职教授。

1月17日至20日，原汉博中心创始人，现为研究院的名誉院长胡祖平作为文件检验鉴定公安部重点实验室文件形成时间研究中心南方基地主任参加了公安部重点实验室文件形成时间检验样本数据库建设标准研讨会。文件制成时间检验是当今法庭科学领域急需解决的一项世界性难题，国内外许多专家、学者均致力于此项研究，并取得了一定的研究成果。样本库是进行文件形成时间检验的基础和根本，缺乏相应的符合条件的样本，就会使各种检验方法无法得以实施，也无法达到检验目的。因此，在此次会议上经过大家的探讨，制定出了一套科学规范的样本数据库建设标准，具有不可估量的意义。

11月12日至14日，浙江省汉博鉴定科学技术研究院名誉院长、浙江汉博司法鉴定中心首席顾问胡祖平，及中心机构负责人、文检室主任薛建国应邀参加第七届全国文检学理论与实践研讨会暨文件形成时间专题研讨会。本次大会还出版了论文集《国际文件检验理论与实践前沿问题研究》一部，总共征集论文207篇，录用了172篇。我中心首席顾问胡祖平院长、薛建国主任及魏显峰所撰写的论文《庭审答询技巧与实务》、《关于我国司法鉴定人出庭作证制度的思考》均被录用。

除理论与实践的培训之外，2014年另一重要突破与成就，是汉博对文化建设的加强，相较于往年更加重视，也凸显成效。浙江汉博致力更多的时间和精力增加鉴定机构及人员内在的涵养与素质。浙江汉博司法鉴定中心的门户网站、微信平台等相继联合发布具有汉博特色的《汉博传媒故事》，并且于7月与《钱江晚报》联合推出《鉴定实录》栏目，为整个司法鉴定行业的宣传提供了正能量，展现了正面形象。在利用网络媒体、报纸媒体进行宣传的同时，浙江汉博放眼于社会公益活动，积极投身于公益事业。积极参与杭州“7·5”公交纵火案的伤残鉴定专项工作，并对指派的法律援助案件落实专人负责。全年共计减免司法鉴定援助案件29件。例如，4月一例DNA鉴定委托人因家庭情况窘迫，浙江汉博决定只收取检材成本费，其余异地差旅费等全部免去；温州瑞安温××女士寻亲免费提供亲子鉴定，得到了社会各界的广泛好评。

行至今日，历经十年的发展和积累，浙江汉博具备了一定的品牌优势、资金优势、人才优势和管理优势，浙江汉博司法鉴定中心在司法鉴定行业已占有一席之地，实现持续、健康、稳定发展。浙江汉博现有网络、微信、微博等平台，宣传能力进一步增强，抗风险能力稳步提升；浙江汉博的管理团队和员工队伍日趋成熟，运作规范，管理透明，具有不可撼动的使命感和责任感。企业文化经过培育和建设，凝聚力和向心力进一步提高，营造了和谐的氛围。员工人心思进，士气旺盛，发展潜力巨大，呈现出积极向上的工作态度。

十年树木，百年树人。浙江汉博始终遵循“科学、客观、独立、公正”的原则，始终秉承以“质量为生命，法律为基准，科学为主调，鉴定为民众”的质量方针。经过十年的磨砺和积累，浙江汉博司法鉴定中心逐步步入快速发展的通道。在这一进程中，浙江汉博必将抓住机遇、迎接挑战，走向更加辉煌的明天！

二、统计图表

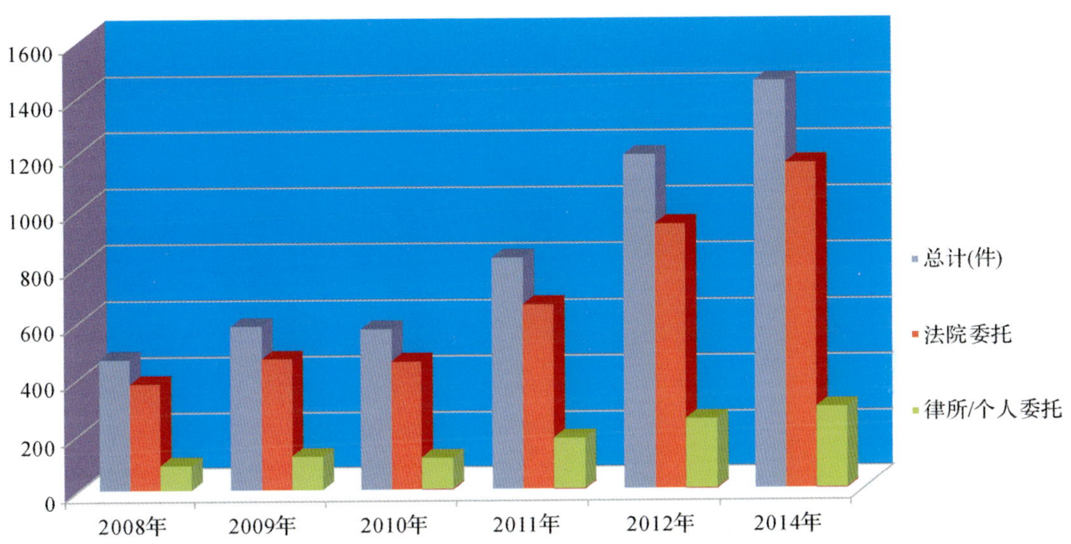

浙江汉博司法鉴定中心年度鉴定实发案件统计图

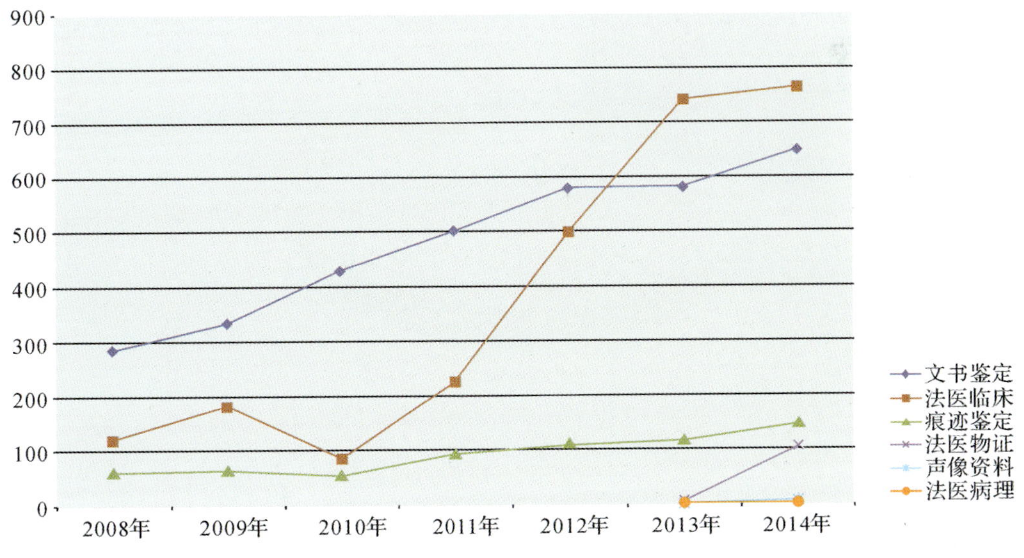

浙江汉博司法鉴定中心年度案件分类统计分析图

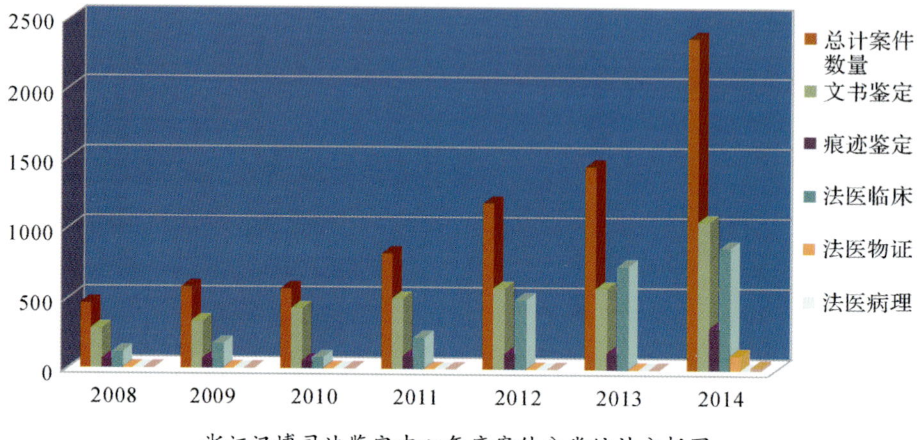

浙江汉博司法鉴定中心年度案件分类统计分析图

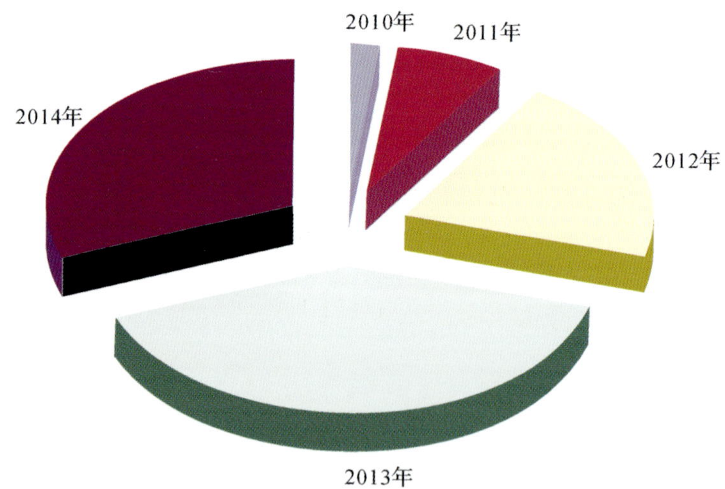

浙江汉博司法鉴定中心鉴定案件量统计图（法医临床2010—2014年）

三、十年大事记

2005年

成立时间：2005年9月26日。

成立地点：杭州市莫干山路76号金海宾馆（办公面积十几平方米）。

初始人员：8人。

鉴定范围：文书、痕迹。

仪器设备：几台显微镜。

2008年

鉴定范围新增法医临床鉴定。

新增仪器设备：连续变倍体视显微镜、体视显微镜图像成像系统、X线胶片观察灯（单联）、活体检验床、五官检查器、喉镜、身高体重秤等。

开始制定相关的规章制度。

2009年

11月，搬迁至杭大路9号聚龙大厦东五楼，办公面积1000平方米。

新增仪器设备：法司特VSC-6000文件检验超级工作站、奥博视频层析显微镜、放大镜、活体伤残鉴定箱（内含血压计、钢直尺、卷尺、量角器等）。

组织学习认证认可知识培训，现认证认可工作已进入申报阶段。

开通汉博新浪微博。

完善制度，建立档案管理制度、专家会诊制度、奖惩制度、考勤制度等。

2010年

新引进文书鉴定人1名，鉴定助理2名。

参加培训：温州医学院司法鉴定中心举办的法医临床继续教育培训班，浙江省司法厅、江苏省司法厅、上海市司法局联合在南京召开的文书痕迹类培训班。

我所参加的能力验证项目均取得“通过”以上的优异成绩，其中伤残程度、损伤程度两个项目均为“满意”。

加强文化建设，开发中心网站推广平台：www.hanbow.com、www.hanbow.cn。

2011年

新增仪器设备：4件套关节测量器。

开通网易博客与网易微博（加入平台二维码及用户名等）。

5月3日，取得了浙江省质量技术监督局颁发的《资质认定计量认证证书》。

7月13日，胡祖平主任作为浙江代表应邀参加了中国刑事科学技术协会文件检验专业委员会第三次代表会议。

8月19日，中国平安财产保险股份有限公司医疗理赔学员来汉博所观摩学习。

8月，胡祖平主任参加第二届文检新技术推广与典型案例交流会。

10月25日顺利通过由浙江省质量技术监督局组织的监督检查，达到满意的效果。

10月举办华东三省文痕鉴定人培训研讨班，《浙江法制报》及相关媒体均有报道。

10月28日至29日，由浙江省司法厅主办、浙江汉博司法鉴定所组织承办的“2011年文书、痕迹司法鉴定人培训研讨班”在杭州举行。

2012年

文化建设：每年制作一套精美汉博宣传邮票年册。

新增办公地点：聚龙大厦东四楼，面积1000平方米。

新增文书、痕迹、法医临床司法鉴定人4名，助理1名，行政管理辅助人员5名。

制度：在原有规章制度前提下制定细则，完善各项规章制度，部分规章制度根据要求上墙公示。司法鉴定文书档案工作能根据《档案管理办法》归档。

1月，浙江汉博司法鉴定所文书、痕迹、法医临床鉴定项目通过国家能力验证。

4月，向本所及全省司法鉴定人及管理者征集优秀论文，编著《司法鉴定理论与实践探微》丛书。

5月，4位法医鉴定人及1名助理参加温州医学院司法鉴定中心举办的法医临床继续教育培训班。

5月2日，传来捷报：汉博所痕迹鉴定人陈庆云同志被杭州市司法局授予“杭州市2011年度优秀司法鉴定人”荣誉称号。

5月25日，组织开展了与湖州地区各级法院文痕交流座谈会。

5月31日，中国平安财产保险股份有限公司医疗理赔实际操作基地2012年第二批培训班的学员到浙江汉博司法鉴定所学习观摩。

6月，参加由国家司法部司法鉴定研究所开展的文书鉴定、痕迹鉴定、法医临床鉴定三个项目的司法鉴定能力验证活动，12月4日均获满意通过。

8月11日，与中国刑警学院签订《科研技术合作协议书》，联合共建“公安部重点实验室文件形成时间研究中心南方基地”、“中国刑事警察学院教学科研实践基地”。

10月，组织7位文书、痕迹司法鉴定人及3名助理参加了2012年文书、痕迹司法鉴定人培训班。

10月，开始与各大律师事务所合作，每月两期在《浙江法制报》上刊登文书、痕迹、法医临床专业的司法鉴定案件实例，为百姓答疑解惑。

10月23日，杭州市新昌商会法律维权委员会第一次专题会议在浙江汉博司法鉴定所举行。

10月24日至26日，由浙江汉博司法鉴定所主办的“浙江省2012年文书、痕迹司法鉴定人继续教育培训研讨班”在杭州举行。

11月6日，由中国刑事警察学院与浙江汉博司法鉴定所联合共建的“公安部重点实验室文件形成时间研究中心北方基地”签约揭牌仪式在中国刑事警察学院隆重举行。

11月21日至25日，汉博所薛建国同志、魏显峰同志应邀参加“第八届全国文件检验学术交流会”。

12月4日，胡祖平主任被授予浙江省司法行政系统“第三届百名优秀人物”荣誉称号。

12月5日，由浙江省质量技术监督局委派相关评审专家对本所的资质认定监督评审工作圆满结束。

2013年

新增声像资料鉴定、法医物证DNA鉴定、法医病理鉴定、法医临床鉴定等优秀司法鉴定人5名，行政辅助人员5名。

1月16日，“司法鉴定与保险理赔”研讨座谈会在汉博所举行。

3月8日，浙江汉博司法鉴定所与浙江大学司法鉴定中心、浙江明皓司法鉴定所的多位资深笔迹鉴定专家聚集于汉博所的文痕实验室进行疑难案件的“会诊”。

3月19日，杭州市新昌商会法律维权委员会第二次工作会议在汉博所会议室隆重举行。

4月15日，陈万全同志荣获“杭州市2012年度优秀司法鉴定人员”称号。

4月22日，汉博司法鉴定所首例医患纠纷听证会顺利召开。

5月18日，在2013年第一期浙江省司法鉴定人继续教育培训会上，我所提交的2篇典型案例被收录于《2013年省司法鉴定人继续教育培训资料汇编》。

5月23日，我所文检高级工程师薛建国、副主任法医师余家树参加了“2013司法鉴定理论与实践”学术研讨会，余家树撰写的《道路交通事故致胫骨平台骨折的伤残鉴定分析》论文被收录于会刊论文集中。

6月，开通微信公众平台、新浪博客（加入平台二维码及用户名），重新打造网站平台，新增办事大厅、汉博风采、汉博传媒等栏目。

6月5日，胡祖平受邀参加了司法部司法鉴定管理局调研座谈会。

7月8日，浙江汉博司法鉴定所迎来首批中国刑事警察学院文件检验专业实习生。

7月15日，为中国刑事警察学院实习生举办文件检验专题讲座。

8月13日，胡祖平主任、余家树副主任法医师和刘青青助理撰写的《下肢深静脉血栓形成2例的法医学鉴定分析》、《外伤性硬膜下积液演变为硬膜下血肿的法医学鉴定1例分析》被全国法医临床学第十六届学术研讨会审核录用，并且分别刊载于《全国临床学专业理论与实践》和《中国法医学杂志》专刊。

8月29日，浙江汉博司法鉴定所与浙江全省律师代表举办法医临床伤残评定与文书鉴定座谈会。

9月11日，机构名称由“浙江汉博司法鉴定所”变更为“浙江汉博司法鉴定中心”，鉴定项目由原来的法医临床鉴定、文书鉴定、痕迹鉴定，再扩增法医物证DNA鉴定、声像资料鉴定、法医病理鉴定项目。

9月23日至27日，浙江汉博司法鉴定中心主任胡祖平、高级工程师薛建国、文检助理魏显峰应邀参加了首届文件检验国际学术研讨会，胡祖平主任主持24日下午的国际学术交流会。

9月29日，由浙江汉博司法鉴定中心胡祖平主任任主编，中国刑事警察学院文件检验学副教授白晓峰、浙江省高级人民法院刑事审判第一庭副庭长梁健、浙江省监狱工作研究所所长马卫国担任副主编的《司法鉴定理论与实践》由浙江大学出版社正式出版。

10月26日至27日，由杭州市司法局主办、浙江汉博司法鉴定中心承办的“2013年文书、痕迹司法鉴定人继续教育培训班”在杭州市湖光饭店举行。

10月20日至23日，浙江汉博司法鉴定中心余家树副主任法医师撰写的《儿童胸椎无骨折脱位脊髓损伤后截瘫的法医学鉴定1例》及刘青青撰写的《外伤性慢性硬膜下血肿的法医学鉴定（附2例分析）》、《腹部损伤致脾切除后遗留副脾1例的伤残评定）》均被全国第九次法医学术和中外法庭科学学术交流会录用，并分别刊登在《全国第九次法医学术交流会论文集》、《中国法医学理论与实践创新成果精选》上。

11月1日下午，公安部立项课题“笔迹特征价值评估与量化检验方法的研究”专家交流会在浙江汉博司法鉴定中心召开。

12月12日，浙江汉博司法鉴定中心主任胡祖平获聘中国刑事警察学院客座教授。

12月30日至31日，浙江省第一次司法鉴定代表大会暨司法鉴定协会成立大会在杭州市召开。浙江汉博司法鉴定中心主任胡祖平成功入选了本届常务理事会理事，作为常务理事之一又被提名为文书痕迹鉴定专业委员会主任候选人。

2014年

文化建设：开通天涯博客、搜狐博客、搜狐微博、百度空间。

1月20日，浙江汉博司法鉴定中心汪振华副主任法医师荣获“2013年度杭州市优秀司法鉴定人”光荣称号。

1月17日至20日，浙江汉博司法鉴定中心主任胡祖平作为文件检验鉴定公安部重点实验室文件形成时间研究中心南方基地主任参加了公安部重点实验室文件形成时间检验样本数据库建设标准研讨会。

2月18日至19日，浙江汉博司法鉴定中心痕迹室主任许明良专家为杭州市桐庐县公安局做了题为“现场勘查操作程序”的知识讲座。

3月30日，浙江汉博司法鉴定中心顺利通过资质认证现场评审。

5月16日至18日，由浙江汉博司法鉴定中心主办的2014年浙江省文书、痕迹、声像资料司法鉴定人继续教育培训班在杭州市湖光饭店隆重举行。

5月28日下午，杭州市新昌商会法律维权委员会2014年第一次工作会议在浙江汉博司法鉴定中心召开。

6月17日，浙江汉博司法鉴定中心与西南政法大学联合共建“教学科研实践基地”，并迎来该校首批文件检验专业实习生。

7月2日下午，浙江省汉博鉴定科学技术研究院名誉院长、浙江汉博司法鉴定中心首席顾问胡祖平获聘首批杭州师范大学沈钧儒法学院兼职教授，并应邀参加了聘任仪式。

7月，《钱江晚报》新开《鉴证实录》栏目，宣传法医物证DNA鉴定、法医病理鉴定和文书痕迹鉴定。

7月，中心迎来了中国刑事警察学院、西南政法大学本科生和研究生实习。

8月，西南政法大学联合共建“西南政法大学刑事侦查学院研究生教学科研实践基地”。

10月15日下午，浙江省司法鉴定协会惩戒与维权工作委员会第一次会议在浙江汉博司法鉴定中心举行。

9月17日，浙江省司法鉴定协会第一届理事会第四次全体会议在杭州召开。

10月21日，浙江省司法鉴定协会文书、痕迹、声像资料鉴定专业委员会第一次会议在浙江汉博司法鉴定中心举行（3月中心负责起草、修改《浙江省司法鉴定协会文书、痕迹、声像资料专业委员会管理办法》）。

10月30日，浙江省汉博鉴定科学技术研究院名誉院长、浙江汉博司法鉴定中心首席顾问胡祖平应邀在中国刑事警察学院举办题为“我国司法鉴定的沿革、机遇与挑战”的文检专题学术讲座。

11月2日，浙江省汉博鉴定科学技术研究院名誉院长、浙江汉博司法鉴定中心首席顾问胡祖平教授应邀为浙江警察学院刑事科学技术专业学员做题为“非正常笔迹的检验”的专题讲座。

11月12日至14日，浙江省汉博鉴定科学技术研究院名誉院长、浙江汉博司法鉴定中心首席顾问胡祖平，及中心机构负责人、文检室主任薛建国应邀参加第七届全国文检学理论与实践研讨会暨文件形成时间专题研讨会。本次大会还出版了论文集《国际文件检验理论与实践前沿问题研究》一部，总共征集论文207篇，录用了172篇。我中心首席顾问胡祖平院长、薛建国主任及魏显峰所撰写的论文《庭审答询技巧与实务》、《关于我国司法鉴定人出庭作证制度的思考》均被录用。

浙江汉博司法鉴定中心在首届“宋慈杯”优秀司法鉴定文书评选活动中获得“优秀奖”。

12月9日，浙江省汉博鉴定科学技术研究院名誉院长、浙江汉博司法鉴定中心首席顾问胡祖平赴安徽省合肥市，应邀为安徽省公安厅举办的全省文件检验技术培训班授课。本次授课胡院长讲解的文检专题有“庭审答询技巧与实务”和“我国司法鉴定的沿革、机遇和挑战”。

12月16日，本中心机构负责人薛建国、副主任梁锋及各科室业务骨干若干人参加了2014年度杭州市司法鉴定业务骨干培训班。

12月30日，浙江汉博司法鉴定中心组织举办了“伤残重新鉴定存在的问题和对策座谈会”。

2015年

浙江汉博司法鉴定中心愿意免费提供亲子鉴定，“茜茜公主”寻亲梦圆。

1月28日下午，浙江省鉴定科学技术研究院名誉院长、浙江汉博司法鉴定中心首席顾问胡祖平应邀为浙江金道律师事务所做关于司法鉴定业务知识的讲座。

2月12日至13日，浙江汉博司法鉴定中心首席顾问、浙江省汉博鉴定科学技术研究院名誉院长胡祖平及中心薛建国主任应邀参加了浙江省司法鉴定协会第一届理事会。

3月11日，为推进公安部重点实验室文件制成时间研究，浙江汉博司法鉴定中心机构负责人薛建国、副主任梁锋、痕迹室主任许明良和实验室负责人魏显峰一行赴“中国制笔之乡”浙江省桐庐县分水镇，对几家规模较大的制笔厂家进行了实地考察调研。

3月19日，由浙江省汉博鉴定科学技术研究院名誉院长、汉博中心首席顾问胡祖平主编的《出庭质证方法与技巧》由浙江大学出版社正式出版。

4月8日下午，浙江省汉博鉴定科学技术研究院名誉院长、浙江汉博司法鉴定中心首席顾问胡祖平应邀为浙江五联律师事务所授课。

4月23日，由浙江省汉博鉴定科学技术研究院、浙江汉博司法鉴定中心首席顾问胡祖平担任主编的《文件制成时间检验》由浙江大学出版社正式出版。

12月6日，顺利通过由中国合格评定国家认可委员会评审的CNAS实验室认可和资质认定。

第二节 员工感言

尊重科学，尊重事实，依法办案，为民排忧解难。

——薛建国

小赢靠智，大赢靠德。

——梁 锋

“十年树木，百年树人”，祝愿汉博这株十年之木，能育百年之鉴定人。

——陈明春

公平正义，敢于担当；汉博前程，灿烂辉煌。

——李 虹

人并非为获取而给予，给予本身即是无与伦比的欢乐。

——赵向欣

我们的目的是：用科学的专业知识和公正的心态，去还原事实真相。

——许明良

时间过得真快，不知不觉已在浙江汉博司法鉴定中心工作快十年了。当时办公室在金海宾馆二楼一个10多平方米房间里，3个人办公。不久搬到金海宾馆北楼三楼，比原来的房间大一些，4个人办公。第一年指印鉴定43件，文书鉴定100件不到，这时已有5名工作人员。第三次搬到同一幢楼的二楼南面四间，两间接待和办公，一间所长室，还有一间新来的文书鉴定室，北面一间痕迹和文书办公室，后来增加法医临床鉴定室两间，工作人员增加到9人。

第一次浙江省司法厅在杭州上城区城头巷赞成宾馆召开法医、文书、痕迹等鉴定人员培训班，当时浙江汉博司法鉴定所只有我一个人参加，去年参加类似的培训（不包括法医）已有10多人了。

搬到杭大路聚龙大厦，与金海宾馆时的办公室相比，不啻天壤之别，上下是电梯，大门是玻璃门，有前台和宽大的接待室，每个项目都有办公室、会议室，有单独放置仪器的房间以及宽敞的主任办公室等。因鉴定项目的增加，2012年又增加了一层。

因鉴定工作的需要陆续购买VSC-6000型文件检验超级工作站等多台仪器，在金海宾馆时只有一台电脑，现在大概有20多台。我们指印鉴定案件量比当年增加了一倍多，文书鉴定和法医鉴定案件量增加好几倍。浙江汉博司法鉴定中心10年来的发展和成就，我认为得益于胡祖平主任超前的理念。汉博今后一定会发展得更好。

——陈庆云

汉博十年，磨而不磷，涅而不缁，且行且珍惜！

——应松松

十载汉博，璀璨诗篇。团给奋进，再谱华章。

——钱　钧

十载的风风雨雨，十载的茁壮成长，经历十载的沧桑，汉博又开启了新的希望，追梦人的脚步永远有力铿锵。

——张凤霞

汉博是一支精良的团队，是一个温暖和谐的集体。他们用良心、学识和经验，不为钱、不畏权势，完成每一件委托鉴定，以保证“科学鉴定、公正服务”。这种坚持社会效益第一，不追求经济利益的精神给我留下深刻的印象。我希望未来的汉博能够树立品牌，坚持服务，也希望自己能为打造全国一流司法鉴定机构而贡献一分力量。

——常彩琴

汉博创业整十年，历尽艰辛结硕果；宽容博大群英会，展望未来更胜前。

——汪振华

科学鉴定立标杆，汉博十年铸辉煌。

——余家树

精心耕耘，硕果累累；十载春秋，铸就品牌。

——严品华

学于勤，研于钻，鉴于明，决于判。

——刘树臣

乙酉九洲铸新鼎，汉博应运出钱塘。科学发展为根本，客观独立显公正。基因译码探奥秘，文山墨海辨伪真。十载创业结硕果，大江南北闻传奇。

——陈国庆

人生至善，善良比聪明更重要！

——陈建红

一个个鲜活的案例，在触动着我的内心，感动着我，让我懂得司法鉴定事业的伟大，让我从平凡、重复的工作中懂得了为什么有那么多的鉴定人员在坚持。从鉴定助理到鉴定人的漫长道路中走来，我觉得值，还必将继续走下去！

——陈　芳

沃尔顿说过：“如果你热爱工作，你每天就会尽自己所能力求完美，而不久你周围的每一个人也会从你这里感染这种热情。”我用我年轻的热情和冲劲保持一个饱满的工作状态，与汉博一同成长、一同前进。

——杨彩丽

科学客观，明察秋毫。

——魏显峰

没有一种不通过蔑视、忍受和奋斗就可以征服的命运。

——王丞元

一路有你，尽显华宇雄风；携手共进，再创天地辉煌。

——徐娉婷

汉博十年兢兢业业，借中华科技之力，光大司法之公正。

——印　杜

热爱工作，投身事业，在这一过程中，摒弃私心，陶冶人格，同时积累经验，提高能力，这样，才能获得周围人的信任和尊重。

——章红星

一步主动，步步主动，步步领先——浙江汉博时刻走在行业前沿，引领鉴定工作新时代。我以成为汉博的一员而自豪！

——崔利颖

选择什么样的专业，就是选择了什么样的未来。爱上一份工作可以爱上一个单位一座城市，爱上一个单位一座城市可以爱上一种生活方式，爱上一种生活方式可以爱上一种人生道路，爱上一种人生道路可以成就一种人生梦想。在杭州已有3年，在汉博2年，从实习到毕业，从毕业到工作，我在汉博10年的发展历程中走过的1/5，从一个懵懂的初学者慢慢成长，在自己初绘的人生道路上勇往直前，我坚信再长的道路，不管步伐多小总能走完，再短的道路，如若止步不前，则永远走不到终点。

——吴晨星

在十周年来临之际我感慨万千，时光飞逝，转眼我在汉博工作了十年，随着汉博的成长和壮大，我也收获了很多，认识了很多有活力、有干劲的年轻人。在这么多年的工作中，感谢各位同事在工作上和我配合，更感谢领导在工作上对我的信任、支持和理解。在这里我祝愿汉博业绩长红！长长久久！

——殷培培

人所缺乏的不是才干而是志向，不是成功的能力而是勤劳的意志。在汉博让我更加深刻地体会到了志向和勤劳的意义。汉博人十年的勤奋，换来今日的辉煌，愿汉博越走越远，越走越辉煌！

——吕　燕

生命是没有意义的，除非有工作；所有的工作都是辛苦的，除非有知识；所有的知识是空虚的，除非有热望；所有的热望是盲目的，除非有爱，有爱的工作才是生命的具体化。一个人光溜溜地来到世上，最后光溜溜地离开人世，一切名利都是身外物，人总要在社会上做些有益的事。我对汉博的爱并不仅仅是局限于工作本身，而是汉博所拥有的工作性质。它为民服务，坚守客观独立，去伪存真；它立民为本，坚持科学严谨，还原真相。

——余慧斓

十年的耕作，十年的汗水，十年的成就，回首十年的点滴，展望更加辉煌的十年。

——徐　铮

风雨历程二五载，励精图治拳拳心。明天是由自己创造的，画卷也由我们自己抒写。山外山辉煌的未来就在我们手中，在我们脚下。我们将牢牢记住：忠诚、感恩、责任和使命。十年孕育的光辉愿景，就在我们前方闪闪发光。不论昨天、今天还是明天，我们都不会忘记感恩与责任。

——姚振波

上进、善良、正直。

——李佳佳

十年，一个台阶，十年，一个步伐，十年，一个征程，十年，一个梦想。

——许璐倩

十年春秋，风华正茂；十载耕耘，硕果累累。

——蒋星珍

树雄心创伟业为江山添色，立壮志写春秋与日月争光。

——傅碧瑜

做事重要，做人也重要。

——毛戬政

我的真诚和你的真诚搭建起的桥梁，叫作信任。

——李青慧

人生的旅途道路是曲折的，不只是鲜花和笑语，当我们遇到荆棘和坎坷时，请不要选择畏惧或怯弱，不能逃避，而要勇敢地去面对。

——蒋美玲

汉博大家庭

后　记

浙江汉博司法鉴定中心成立于2005年9月26日。历经十年风风雨雨，创业成长和发展，已经开展了文书鉴定、痕迹鉴定、法医临床鉴定、法医物证DNA鉴定、声像资料鉴定和法医病理鉴定业务，并与中国刑事警察学院、西南政法大学等高等院校联合共建教学科研实践基地。现编著《汉博十年》一书，作为对汉博已走过的十年历程的总结，同时也是对汉博未来的展望。

全书内容共分五章。

第一章“期待”，以图文并茂的形式介绍十年来，汉博中心发生的重大发展，包括部省市领导、国家级专家前来考察慰问、参观指导的照片资料。

第二章“追求”，展示了为汉博增添光彩的人才和实验基地的发展历程，以代表性的荣誉照片与文字记录下这些默默奉献者的艰辛。

第三章“成长”，主要讲述了浙江汉博的科研成果与有关科研的重要会议，详细介绍了浙江汉博十年来取得的研究成果，包括中心负责起草的并经全省文书鉴定专家讨论通过的《文书鉴定实验室配置和操作规范》等，同时分享了同行良友间参观交流的图文信息。

第四章“硕果”，重点集中于这十年来慢慢积累生发的汉博文化，以及从浙江汉博历年来所鉴定的案例中精心挑选出的20个典型案例，囊括了文书鉴定、痕迹鉴定、法医临床鉴定、声像资料鉴定等内容，旨在对实践经验的总结，对知识财富的积累。

第五章“愿景”，描绘了汉博中心从成立之初至今的十年历程与大事记，最后也记录了中心每个员工的个人感言，为浙江汉博的未来发展增添一份殷切的期待。

汉博中心十年磨一剑，汉博的发展离不开上级组织和领导的关怀以及朋友的支持。在此，感谢所有对汉博给予支持与关怀的领导，感谢所有为汉博发展做出贡献的人员，感谢所有给予汉博支持的朋友、同行。